转型时代丛书

中国电信北京研究院专家奉献

当互联网拥抱金融

融合还是颠覆

朱晓硕 雷宇飞 李奕霖 编著

電子工業出版社
Publishing House of Electronics Industry
北京•BEIJING

内 容 简 介

本书旨在互联网金融爆炸式发展的今天，通过对这一现象“前世今生”的仔细梳理，同时深入分析其理论概念、产品形态及业务应用等，为读者展现一幅较为完整、详尽的互联网金融全视图。本书的研究立足于金融的本质及金融与互联网业务特征的结合点，多角度分析互联网时代金融业务发生了哪些变化，以及哪些没有改变。

此外，本书作者作为电信运营商领域研究专家，特别从运营商的角度观察、分析、总结了这场足以影响时代发展的巨大变革中参与各方的博弈与举措，机遇与挑战，发出了互联网金融领域运营商的声音。最后，基于定量与定性分析，本书对互联网金融未来的发展提出了合理且具有建设性的判断与预测。

图书在版编目（CIP）数据

当互联网拥抱金融：融合还是颠覆 / 朱晓硕，雷宇飞，李奕霖编著. —北京：电子工业出版社，2015.8

（转型时代丛书）

ISBN 978-7-121-26520-4

Ⅰ. ①当… Ⅱ. ①朱… ②雷… ③李… Ⅲ. ①互联网络－应用－金融－研究 Ⅳ. ①F830.49

中国版本图书馆 CIP 数据核字(2015)第 147275 号

策划编辑：刘　皎
责任编辑：李利健
印　　刷：三河市双峰印刷装订有限公司
装　　订：三河市双峰印刷装订有限公司
出版发行：电子工业出版社
　　　　　北京市海淀区万寿路 173 信箱　邮编 100036
开　　本：720×1000　1/16　印张：13.75　字数：190 千字
版　　次：2015 年 8 月第 1 版
印　　次：2015 年 8 月第 1 次印刷
定　　价：59.00 元

凡所购买电子工业出版社图书有缺损问题，请向购买书店调换。若书店售缺，请与本社发行部联系，联系及邮购电话：（010）88254888。

质量投诉请发邮件至 zlts@phei.com.cn，盗版侵权举报请发邮件至 dbqq@phei.com.cn。

服务热线：（010）88258888。

转型时代丛书

转型时代丛书

总 序

"变化，无论是突如其来的，还是循序渐进的，有时都会淘汰你认为理所当然的一切"。

——《转型》

二十一世纪以来，信息化更加快速而深刻地改变着这个世界，大到全球经济社会的发展格局，小到每个人的日常工作生活。许多国家把数字化、信息化、智能化作为国家战略的关键主题，把信息基础设施建设作为后金融危机时代振兴经济的重要手段。同样，我国"十二五"规划也把全面提高信息化水平，特别是加快建设下一代国家信息基础设施、推动信息化和工业化深度融合、推进经济社会各领域信息化作为重要工作列入其中。

信息通信产业中新技术、新业务的不断快速发展不仅催生着新的经济增长点，造就了谷歌、Twitter、腾讯等一个又一个明星企业，引领整个行业及社会经济的发展方向，更重要的是它对人们生产、生活产生了深刻而久远的影响。我们的生产资料不仅仅是机器，还有电脑、手机、互联网；我们通过点击"百度"打开未知世界，通过"淘宝"购买商品，利用手机登录"Facebook"去了解彼此、评论时政，所有这一切都表明信息通信产业正在更广、更深地影响着我们每一个人，互联网 / 移动互联网已成为像水、电一样的生产、生活"必需品"。

环顾全球，整个信息通信产业正在朝着宽带化、移动化、智能化发展，特别是 3G 的普及和 LTE 的逐步成熟使得移动互联网一跃成为整个行业中最前沿、最具革命性的领域。智能管道、物联网、下一代互联网、云计算等一个个新的理念、新的信息服务模式正在席卷全球成为新热点。而这一切变化，都将对从事信息服务的企业，包括电信运营商，带来前所未有的机遇和挑战。适者生存法则同样适用于多变的企业生态系统。无论是百年老店，还是创业新秀，只有顺应信息化时代发展潮流，重新审视并及时调整企业的商业模式，抓住信息化带来的重大机遇，才能在变化中顺势前进。

鉴于此，这套"转型时代丛书"既有对智能宽带网络、移动互联网、云计算等新技术、新网络的研究和实践总结，也有对商业模式、营销变革等现代管理中关键问题的长期探索。相信此系列书籍能帮助您了解趋势，廓清谜团，抓住机会，与信息化时代共同成长。

2012 年 1 月

序

大约在两年前，互联网业务模式开始在全球范围内影响并渗透电信传统业务领域，移动互联网技术及 OTT（Over The Top，通过互联网向用户提供各种应用服务）的快速发展使得电信运营商们寝食难安，这让一向危机感强烈的电信运营商们意识到传统业务形态、商业模式、服务方式已经无法满足日新月异的市场需求。彼时，中国电信开启互联网化转型的进程，大力发展互联网新兴业务。刚性需求旺盛、用户黏性极强的电子金融业务自然成为中国电信深化互联网转型的重要发展方向之一，我们组建了中国电信北京研究院电子金融团队，专注于运营商电子金融相关业务的研究工作。两年时间主要参与研究中国电信 NFC（Near Field Communication，近场通信）卡空间商业模式、天翼电子商务公司支付、金融产品梳理规划，以及中国电信 NFC 卡空间业务与翼机通产品的全面融合，见证了中国电信电子金融业务的点滴发展和天翼电子商务公司的成立、壮大。

在近两年研究和实践的过程中，我们在互联网影响金融业务、电信与支付金融业务融合方面积累了一些经验。特别是在电子金融变革进程中，各方参与者如何发挥自身优势为用户提供服务，最终实现企业自身的价值和使命方面有了较为深刻的理解，我们由衷希望能够写下自己的一些想法与感触，借此机会将两年的研究成果细细梳理一番发表出来，希望能够与业内人士一同探讨。作为电信运营商研究人员，我们希望借出此书向全社会发出运营商的声音，向大家展示中国电信这样一艘通信航母在顺应时代趋势、聚焦用户需求，大力发展移动支付、移动金融业务方面所做出的不懈努力及取得的长足进步。

互联网时代的商业有着全新的思维模式和业务模式，具有强烈的时代特征，完全开启了一个崭新的企业价值观。我们的研究也立足于金融的本质与互联网业务特征相融合。金融在本质上就是为产业经济、实体经济服务的，互联网金融业务本身也无法脱离实体产业独立发展，所以，我们在撰写本书的过程中，没有仅仅就互联网金融业务来介绍，没有就事论事，而是从互联网金融业务的背后找到载体，因为每一个看似繁荣的互联网金融业务背后都有真实的业务和依托。我们也没有一味地强调互联网企业如何颠覆金融行业，更不会说出类似商业银行即将消失的偏激言论，而是从金融业务和互联网业务的本质特征出发，从业务特征、渠道、产品等多角度分析研究金融业务发生了哪些变化，哪些没有改变，发生变化的部分是如何受到互联网影响和作用的。因为只有理性地思考才能看清事物的本质，才能够找到出路。

具体地讲，我们的研究过程没有过分聚焦于数据本身，盲目地沉浸在数字的海洋中，也没有仅仅通过纯粹的数字分析找出事物发展的规律，这样做也是为了避免在研究过程中受到历史的束缚，掺杂太多理想化的因素。但这并不意味着我们忽视定量分析，在撰写过程中，我们充分利用两年以来在数据方面的积累，也翻阅了大量的数据资料和历史数据，包括商业银行上市公司的年报、互联网新兴业务公司的数据库等，以便找到其中的变化规律，进而对我们的观点进行补充，拓展思路。同时，在撰写本书的过程中，我们进行了大量的访问，访谈对象包括商业银行总行电子银行部门领导和专家、工作在金融行业第一线的商业银行支行行长、电信运营商部门的领导，也有在国外从事 P2P 等实操业务的行业专家或学者。期间我们也多次参加各种国际组织的会议和活动，与多个国家的行业专家、技术人员和创业者就移动支付、金融产品商业推广、设备演进等问题进行了广泛的交流，所有这些都为本书的撰写积累了大量的现实素材，也极大地打开了我们的思路。特别是我们从辩证的角度分析了电子金融领域所有参与者的历史角色，用历史的眼光和角度分析金融业务、商业模式的本质特征，一针见血地指出金融的本质和源头，及其与政治之间的紧密关系等，用极为理性的眼光和视角阐释了互联网时代电子金融业务发展进程中众多参与者的角色地位以及他们在时代变革中做出的贡献，再次把本书提高了一个层次，成为本书的点睛之笔。

最后，我们要感谢在本书撰写过程中得到的多方面帮助和鼓励。中国电信北京研究院李志刚院长多次询问和鼓励，这给我们带来了极大的鼓舞，他时常提起研究院科研人员要以“立德、立功、立言”的人生标准要求自己，对此我们牢记在心。王晓平经理、高兰处长和唐晓梅主任帮助我们协调资源、出谋划策，在我们最困难的时候，给予我们鼓励。我们也得到研究院王宇专家、朱志军博士的倾心指点，特别是王宇专家时刻提醒我们在研究互联网如何影响金融业务时首先就是要理解金融业务、金融产品本质的规律特征，这一引导极为受用。高歆雅、苏晨辉两位同事也为本书提供了大量的原始素材。我们深感专业化的思考和深入扎实的写作就是对他们最好的回报。当然，本书必然会在思维上存在一定的局限性，在撰写的诸多环节中，难免会有考虑不周之处，我们也希望各位同仁、读者提出宝贵意见，期待与各位一起进一步探讨互联网对金融服务的动态影响过程，一起探寻互联网金融业务未来的发展方向。

历史是开放的，我们也不必过多地总结，一切都会等待着将来。自由是互联网精神最本质的体现，也是人类追求的极致，我们也期待互联网带给我们更多的惊喜，未来自然也会呈现出意想不到的轨迹。

朱晓硕

前言

网络侵入金融业务领域

几百年来，人们努力工作、辛苦耕耘的目的就是创造幸福的生活和美好的未来，在实现这一目标的过程中，资金永远是最基本的保障。16 世纪下半叶，哥伦布等引领的大航海时代发现了美洲大陆，之后在秘鲁发掘的大量白银成为西班牙帝国崛起的重要保障，当年西班牙在秘鲁攫取的白银相当于当时中国明朝政府几年的收入。十八、十九世纪，英国工业革命也是得益于长时间圈地运动积累起来的原始资本。20 世纪 70 年代至今，发生在世界东方的那一个个“春天的故事”，大量的外资投入成为改革开放重要的经济保障；今天欧元区的经济遭到了前所未有的重创，德法等欧盟国家对经济近乎崩溃的希腊、意大利的资金援助成为上述国家前进的希望。一个国家和民族是这样，一家企业和一个人也是这样，初创公司实现发展需要借贷，跨国公司发展业务需要上市融资，个人买房需要向银行贷款，背井离乡、辛苦在外打拼的人们也是为了自己和家庭积累财富。

几百年来，维系着资金流动的机构就是商业银行，自从 1694 年第一家资本主义的股份制银行苏格兰银行诞生后，它一直以一个非常稳健甚至略带保守的形象出现在我们面前。300 多年来，和它同时代诞生的很多行业早已面目全非，只有商业银行始终伴随着一个个变革的时代，一代代人的成长。但就是这样一个“经久不衰”的行业，今天也在面临着危机，甚至有被颠覆的可能，因为互联网时代到了。互联网公司在侵入传统行业的进程中，自然会“照顾”利润超高的银行业，特别是伴随着电子商务的发展，人与人的沟通，商品在国与国之间的交换转移到互联网线上进行，互联网企业从事金融业务有了更便利的条件。从此，商品交易和金融市场发生着变化，也许是轰轰烈烈，也许是潜移默化。

今天，全世界的商业银行通过互联网彼此相连，不同的货币在不同国家间的转账拆借瞬间完成；全世界的中小企业和个人也开始沐浴着网络金融带来的恩惠。在 21 世纪初的 10 年，互联网公司带来的金融服务来到我们身边。2001 年，Paypal 公司的创立，企业用户可以通过互联网渠道实现资金转账，只需要在网站上添加付款按钮，即可开启移动支付，在网站、移动平台和 App 之间加速结账流程，几乎让全球用户使用的所有主流信用卡和借记卡均可实现付款。2008 年，全球遭遇了 30 年来最大的经济危机，雷曼公司破产，美林公司接受美国政府的救助，在那样一个任何形式的消费都让大家人心惶惶的年代，消费者选择 Lending Club 提供的服务，在低调中继续前进，重振旗鼓。2009 年，Kickstarter 在美国纽约成立，这是一个专为具有创意方案的企业筹资的众筹网站平台，它致力于支持和激励创新性、创造性、创意性的活动。通过网络平台面对公众募集小额资金，让有创造力的人有可能获得他们所需要的资金，以便实现他们的梦想。来自美国南加州的马金·卡拉汉希望创作一部关于半人半妖的新漫画，第一期的创作和宣传费用预计需要 1500 美元。因此，她给 Kickstarter 网站写了一封信，希望有人能够提供小额捐款。捐款者可以得到的回报是，捐 5 美元可以得到一册带有作者签名的漫画书，捐 100 美元可以得到一个带有以漫画故事中主人公为饰物的包。当然，只有收到的捐款超过 1500 美元，她的许诺才会兑现。结果是，她在很短的时间里就拥有了这笔捐款。2013 年，搬到互联网上的供应链融资有效地缩短了资金流动的时间，众多银行信用担保单据提交和金融验证流程在互联网上完成，大大缩短了业务流转时间，为电子贸易的加速发展打通资金通道。2014 年，中国的农历新年，发送、拆封微信红包成为人们假日生活的重要组成部分，将银行账户和移动 IM 账户实现绑定。今天，年轻人醒来的第一件事情就是看看自己余额宝账户的收益是多少，在聚餐过后使用微信“AA 收款”功能付款结账；同样，资金紧张的浙江商人也许正在和互联网借贷公司宜信的线下审核员沟通，寄希望于通过宜信的资金援助帮助自己的企业渡过难关。

互联网是以信息为经营载体的，他们会凭借极低的成本迅速替代所有凭借承载、传输和汇聚信息盈利的传统行业，Kindle 电子图书替代实体图书，58 同城替代家政服务、电了周刊替代咨询公司，微信替代短信都是典型的例子。但当互联网拥抱金融的时候，发生的故事则完全不同。金融是带有绝对权威的，对于利率、汇率和投资方向的敏感点，各国政府和中央银行都拥有绝对的话语权，换句话说，在这个世界上没有任何一个行业像金融业一样会受到政府如此的重视，没有任何一个行业会有如此严格的国际化标准，例如，不断完善和更新的巴塞尔协议，没有任何一个行业会有如此多的国际性组织，这种权威性对金融行业本身和金融服务参与者在透明度、自由度和准入度方面都有严格限制和监管。所以，我们认为互联网企业跨界金融服务，会对现阶段金融服务产生一定的影响，但是远远谈不上挑战，更谈不上颠覆。

互联网与金融的结合是改良，而非革命，互联网不会颠覆金融。传统金融机构与互联网企业是互联网金融的决定力量。互联网会使金融更透明、更亲民，但是这种改善都是有一定限度的。因为金融业的信息是稀缺资源，是不能通过分享来增值的，所以信息不会透明化；互联网将使金融更加自由，但是“网络不是法外之地”，金融业历来受政府监管关注，而且互联网业的垄断程度高于传统行业；互联网会降低金融业买方和卖方的准入门槛，但并不能完全消除门槛，金融是有钱人的游戏，不可能完全草根。电信运营商和硬件厂商可以在硬件工具层面提供入口，但很难形成渠道或平台，因为既缺乏金融机构的积累和壁垒，也不如互联网企业的野蛮和草根，其主营业务与支付业务始终没有必然性，背后的载体远远没有淘宝在电子商务行业的垄断地位，但我们倒是认为，从某种程度上讲，作为对主业的支撑和拉动来看，今天运营商的支付和金融业务已经发展得很好了，或者说达到了发展支付的第一个目的，无论是日本的 DoCoMo，还是中国电信，有效地发展支付业务后，电信运营商移动业务的用户离网率显著下降。

再进一步，我们可以看到，与商业银行和电信运营商等传统企业不同，互联网企业属于轻资产企业，组织结构简单，固定资产投资较少，在这样的背景下，资本的力量能够在短时间内造就一大批具有一定规模的互联网企业。相应地，也正是在资本力量的作用下，互联网企业和产品的评价标准变成了公司市值和产品用户数，衡量的是一种对未来的期待。相比较之下，具有国资背景的商业银行和电信运营商面对的仍然是收入和利润的年度考核，他们需要的是真金白银的收入和利润，掌管着“红色资本”的企业家们总不能在年终述职的时候向国资委和党委汇报用户数吧？考核恐怕还是以收入和利润为核心。

过去的十年是互联网重生的十年，十年前互联网行业还处在风口浪尖，所有的人都在目睹着互联网泡沫的破灭，也在审视着互联网行业。今天，互联网业务已经基于内容、社区和产品三个核心元素深刻地影响并改变着传统行业，对金融服务业也是一样。在这一过程中，所有秉承着互联网精神的企业从不同的角度切入金融服务，走上不同的发展道路，开辟出属于各自的空间，诸如腾讯选择通过社交关系，把金融需求与人类沟通社交需求充分融合；商业银行聚焦自身金融产品的优化，通过风险和收益最优平衡的产品吸引用户；电信运营商利用自身在移动渠道上得天独厚的优势，在用户移动性、便利性上下功夫。总之，不同的角色具有各自的优势和共同的互联网思维。

目录

第 1 章 互联网激荡金融十年变革

电子金融领域的每一点变革都充满了时代的色彩，2003 年，全国“非典”爆发，彻底点燃了电子商务的发展；2008 年，经济危机来临，全球范围内一片资金恐慌，网络借贷找到了发展的空间；相反，网络渠道开发较早的商业银行仅仅把网络当作纯粹的服务渠道，没有将其融入到自己的产品中，在竞争中渐渐失去了优势。在整个十年历程中，无论是传统的金融机构，还是互联网公司等新的闯入者，相互之间合作也好，竞争也罢，他们始终都在应用互联网思维解决用户的问题，满足用户的需求，并最终影响着用户的观念与行为。

本书前言部分介绍的众多丰富且鲜活的生产和生活场景反映的正是在世纪之交互联网浪潮下金融行业发生的深刻变革，互联网深深地改变着金融，甚至是在冲击着我们社会的金融体系，当然，那么多在当时看来是一个个不可思议的事情才塑造了我们今天的崭新生活。在几十年前，中国金融行业的改革主导者之争还仅仅限制在国有银行、股份制银行和新进入的外资机构的范围内。而今天，在电子支付和电子金融领域里出现了新的势力，互联网企业、第三方支付企业，甚至还有电信运营商。多股力量相互博弈，此消彼长，这一利益切割的过程实际上也正是形成金融崭新形态的过程。

本书将用一定的篇幅回顾过去一段时间在互联网浪潮下支付和金融领域发生的一系列事情，只有全景式回顾过去，才能在迷雾中找到电子金融一路走来的脚印，看一看过去的十几年金融企业成长和变革的足迹，互联网浪潮到底给金融行业带来哪些变化？为什么互联网浪潮会在金融行业催生出如此伟大的公司？在如此强烈的浪潮中，传统的商业银行巨头又有哪些应对的举措？

这样的回顾有助于我们更深刻地认识金融发展的规律，在我们的访谈中，我们发现所有的商业银行、互联网金融服务都在进行对比、互相学习，希望能从彼此身上学到很多。事实上，他们也确实在彼此身上学到了很多本身应该属于各自领域的东西。

2001 年 贸易发展，激发金融浪潮萌芽

新世纪伊始，中国人民就迎来了一件日后对中国产生积极的、影响深远的大事件。2001 年的 11 月 11 日，在卡塔尔首都多哈，世界贸易组织第四届部长级会议大会主席、卡塔尔财政经济和贸易大臣卡迈尔用一记槌声宣布：中国加入世界贸易组织的决定获得通过！从 1986 年 7 月 11 日正式向世贸组织的前身关贸总协定提出“恢复关贸总协定缔约国地位”申请，经历了 15 年的艰苦谈判，中国加入世界贸易组织的时刻终于到来。一如既往地坚持展示出经历了漫长的自我封闭状态的中国坚定的国际化倾向，这样一种积极开放的姿态，让中国企业家对走向世界有了前所未有的热情，也直接带来了几年之后中国对外贸易的高速增长，并且在随后很长一段时间里，外贸也成为中国经济转型的引擎。

贸易的飞速发展，无疑对金融领域的变革起到了巨大的促进作用，极大地促进了中国金融体系的完善，随后的中国四大商业银行纷纷完成重组也许就是一个最好的明证。同时，率先做起外贸生意的地区和人民也最先富裕起来。无论是规范化发展中的公司，还是逐渐富裕起来的人们，在逐步积累自身财富的同时，在发展过程中又纷纷以各种方式筹集资金，越来越多人的头脑里有了融资的思想、贷款的理念，最明显的特征就是当时企业资产负债表的左右两侧发生的明显变化，以及私人理财市场悄然发生的变化，但无论如何，这一切都预示着在未来的日子里，崭新的金融产品需要不断推出，技术演进、资本应用等引领的新一轮金融改革即将发生。

而2001年的互联网行业也正在经历着前一年泡沫的余波，一直持续到2001年5月，期间哀鸿遍野，网络巨头思科的市值从5792亿美元下降到1642亿美元，雅虎市值从937亿美元一落千丈至97亿美元，亚马逊市值则从228亿美元下跌至42亿美元。在这场大股灾中，刚刚在纳斯达克上市不久的中国门户网站公司也未能幸免，新浪的股价跌到1.06美元/股的低点，搜狐跌至60美分/股，网易最惨，其股价一度跌至53美分/股，遭到交易所发出的“退市警告”，互联网行业急需新的技术元素以及崭新的商业模式。

未来的商业和金融业会是什么样子？这一年轰动全球的“9·11”事件对世界经济和金融会有什么影响？恐怕谁也不得而知，但有一点可以肯定的是，谁也不会想到，正是刚刚遭受重创的互联网企业会在未来十年中如此深远地改变着包括金融行业在内的传统行业。

2002 年 网络银行业务兴起

无论消费者怎么抱怨我国商业银行的垄断，无论大家怎么吐槽如今网上银行业务流程的烦琐，我们都完全有理由相信，中国的金融机构（特别是中国的商业银行）是我国最早走上信息化发展道路的一批企业，甚至可以说直到今天，金融行业都是我国信息化程度最高的一个行业。笔者还记得小时候回老家武汉，父母总是提前准备足够的现金带在身上，那时候商业银行是不支持异地取款的，在北京存的钱是不可能从武汉取出来的，而今天，异地取款、跨行取款转账只需要找到一台电脑和网络就可以实现，这都源自 1997 年开始的网络银行的建设。1997 年 4 月，招商银行正式开通了自己的网站，成为国内第一家能上网的银行，从那以后，中国的商业银行便开始了高速全面的网络化进程，随后的几年中，中国工商银行、中国农业银行、中国银行和中国建设银行纷纷开通了各自的网上银行业务，业务量也随之大增，到 2002 年的时候已经形成了非常大的规模，以规模最大的中国工商银行为例，2002 年时，中国工商银行的电子银行业务已经全面覆盖了网上银行、电话银行、手机银行、企业银行和自助银行等核心业务产品，其电子银行业务的交易额也达到 8.8 万亿元，同比翻一番，特别是此时工商银行的网银已经在全国 312 个城市实现开通，交易额达 5.3 万亿元，是过去一年的 8.4 倍，这也是商业银行发展史上之最，如图 1-1 所示。另外，此时的工商银行也已经开始着手打造自己的线下支付系统，POS 机有 2264 台，实现交易额达 1396 亿元，同比增长 94%。要知道，线下 POS

机的部署对日后支付业务的拓展是多么重要。从数据中可以看到，我国商业银行的电子化基础实际上是相当坚实的，尤其是伴随着商务贸易、经济建设的发展，在早期展示了非常高的姿态并取得了相当好的业绩。

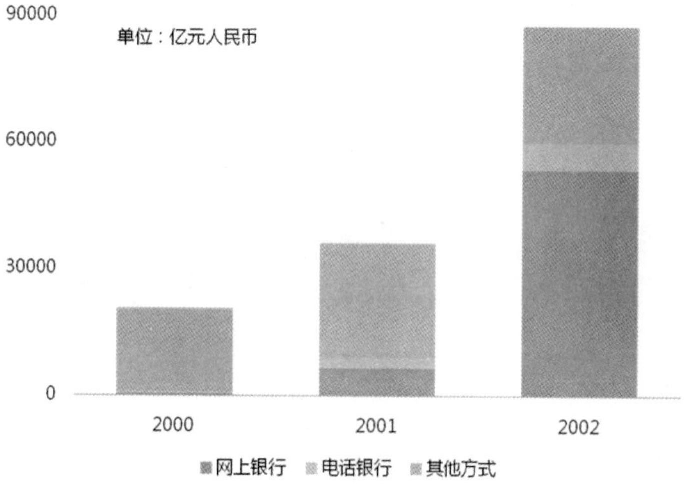

图 1-1　中国工商银行电子银行交易额增长图

商业银行凭借着这种“水泥+鼠标”的经营思路和网银先发优势不断改善和优化其网络金融的业务和功能，不过，他们只是把互联网当作一个业务办理的渠道，始终未能走出“替代柜台”的定位，并没有充分构建起我们今天所说的“互联网化”思维，最明显的特征就是没有基于互联网的属性推出崭新的产品，而仅仅把传统业务迁移到互联网上进行，更谈不上考虑到互联网行业特别需要的一些技术元素、互联网环境的种种因子。这一方面是源于当时互联网产业远没有今天这样成熟，也就没有出现整个业态，另一方面，也是由于我国的商业银行机制相对比较封闭，且当时商业银行的收入利润超高，这也在很大程度上导致他们没有足够的动力发展电子银行业务。商业就是这样，对庞大的机构来说，守住盘子永远是最重要的。

2003 年 支付宝改变商业规则

2003 年对中国人民来说绝不平凡，那一年首都北京经历了非典，一时间，世界卫生组织启动了对北京的旅游警告，人员交往的减少和展会数量的缩减在很大程度上影响了当时中国的贸易交流。不过对互联网企业来说，这是一个机会，正是在这样的环境下，电子商务在中国萌发出幼芽。

2003 年 10 月，阿里巴巴公司宣布建立一家叫作淘宝网的电子商务网站，全面进军电子商务领域，谁也不会想到这样一个看上去极其不规范的网站日后却成为中国最大的电子交易平台。淘宝网建立之时，电子商务的概念在中国已经有了一定的渗透，当年 eBay 已经全面进入中国市场，所以嗅到了这个巨人的商业机会的马云这次需要做的就是如何超越。日后的表现足以证明，马云赢了，取胜的法宝无疑是免费策略和支付宝产品。

在当时的竞争格局中，eBay 凭借着当时在中国 C2C 市场上超过 70% 市场份额的地位，仍然采用收取交易费用的经营模式，难免让商家感到“店大欺客”。此时，淘宝网在大幅提升界面亲和力以及客服人员的响应速度的同时，选择不收取商品登录费、交易费的策略，这对在 eBay 上无论商品是否成交都要交纳商品登录费的卖家来说，不能不说是一个“馅饼”级的诱惑，但已经在 eBay 长期积累下来的信用评价和客源同样非常重要，一旦抛弃 eBay 就等于从头再来，所以当时出现了一个奇怪的现象就是：“eBay 展示，淘宝成交”。也就是说，在淘宝开分店，以 eBay 的信用招揽淘宝的买家，如果可行就多了个免费交易的渠道。尽管免费政策对于 eBay 在中国的运营无非就是无痛之痒，但足以让eBay感到了前所未有的威胁，以至于后来易趣不得不下调交易费用。

尽管淘宝在免费政策上给了竞争对手沉重一击，同时也在宣传方面取得突破，但在实力上终究无法与eBay相提并论，此时的淘宝亟待找到一个突破口，避实击虚，扭转局面，才有可能存活壮大。深谙中国市场商业运作规则的马云想到了商业风险和约束问题。当时所有的交易平台对买卖双方并无绝对的约束力，如果货款或是商品出现了问题，风险只能由买卖双方承担。从卖方的角度来看，为了保护自身利益，通常会采用“款到发货”模式，在这种情形下，即便有以往的交易记录作为参考，买家仍要承担非常大的交易风险，这是谁都不愿意的。这种潜在的约束不利的问题在交易金额和交易规模较小的时候还不明显，但随着网上交易规模的扩大和大宗商品网上交易的出现，买卖双方以及整个市场都在呼唤第三方信用中介的参与，以保证交易的顺利进行，然而每个人都知道“趋利避险”，谁肯出来承担这个风险呢？这一市场之虚成为淘宝发展的契机。2003年10月，淘宝试探性地发布了“支付宝”服务——买家将货款打入淘宝提供的第三方账户，确认收到货物之后，再将货款支付给卖家。这无疑大大降低了买家的风险，买卖双方对此当然是举双手赞成。淘宝在抓住了支付风险这个人人回避的市场空白的同时，其会员注册数和成交率也节节攀升。后来发生的故事耳熟能详，商业市场格局一下清晰了，支付宝也经历了一次次的升级，从最开始的支付宝网站Alipay.com，到后来开放移动端，一路飞速发展，2009年7月6日，支付宝宣布用户数正式突破2亿大关，支付宝用户数占网民总数的62.5%，从而超越PayPal成为全球用户数最多的电子支付平台。今天，以支付宝为依托的网络金融产品也在迅速发展。

回头来看，当时淘宝与eBay之间的那场商战算是那个时代背景下特殊的产物，首先，当时风头正盛的eBay市场策略选择美国模式，并没有把握中国市场的特殊性，有两个明显的例子足以证明。记得当时，在 eBay 的网站上严厉禁止在商品介绍和留言处留下联系方式，以防止商家和顾客之间线下交易，到最后甚至连以 QQ 号为用户名的 ID 都被封掉了，这样就彻底断绝了买家向卖家索取商品详细信息的可能性。反观淘宝，不仅不限制双方互留联系方式，甚至还推出了自己的即时通信软件淘宝旺旺，使得商家和用户个人信息紧密结合，极大地提高了交流效率。同样，2003 年前后，中国大陆还处在大规模的基础设施建设进程中，物流成为当时电子商务发展的瓶颈，eBay 平台上的店家都需要自己去约谈快递，由于规模较小，多数卖家都拿不到很低的价格。而淘宝在这时把大家联合起来一起去和快递公司谈判，成本下降一半的诱惑聚合了大量的卖家，同时集约也为速递公司送去了大单。

其次，传统的美国模式还没有考虑到线下拓展的问题，因为在当时中国互联网普及率并不高，即使在今天，中国广大农村市场的很多商户还都是选择赶集等方式，对电子商务的接受程度很低，所以纯粹做线上广告很难迅速产生规模效应，甚至 eBay 扼杀淘宝的方式也选择封锁门户，很长一段时间在门户网站根本见不到淘宝的踪影，但封锁门户毕竟不等于大下宵禁，淘宝日后正式通过大量线下广告聚集商户，比如，淘宝不惜血本地将广告投放到人流集中的路牌、灯箱、车身及电视媒体，不仅注意力没少赚，反而在这种常规渠道取得了局部优势，品牌和免费策略日渐传播开来。因为淘宝更清楚，尽管网络是虚拟的，但网站所争取的注册用户可是行走于大街小巷、真实的人。

当然，易趣并非没有想到支付的问题，但是从其全球整体发展策略上看，其一直想把 eBay 的另一法宝——PayPal 支付系统引入中国，安全性等政策障碍让其举步维艰，很难在中国发力，尽管对“支付宝”的推出大感意外，但又难以割舍 PayPal 情结，前思后想，举棋不定，最终错失良机。

可以看到，淘宝的逆袭和支付宝的成功无疑是马云深谙中国市场和商业环境的明证，他告诉所有的生意人，既然是在中国这片神奇的土地上做生意，就要遵循它特殊的规则，并且选择适合这片土地生长的工具。

2004年 金融迈出移动步伐

说起2004年的网络支付发展与金融产品演进，我们就不得不把视线对准我们的近邻日本。在这一年中，日本电信运营商做出了一个战略性决定，开始着力推出移动支付业务。正是这一将商业和技术完美结合的举措，把商业和交易带入移动时代。任何变革都有其所处时代的商业环境，此时的日本商业环境正发生着悄然的变化。首先，秉承着追求快速精神的日本已经形成了非常好的“便利店文化”，大街小巷随处可见各种24小时便利店，诸如Family mart、Seven-eleven和AMPM等，其中，我们今天熟知的Seven-eleven做得最大。在极小的店堂面积中，贩售更多的商品和提供更多的服务，同时还有为即食准备的热水、微波炉，大多数便利店门前摆放有分类垃圾桶，设有吸烟处，甚至是洗手间，尤为特殊的就是，在便利店里一般都设置有ATM机、移动POS机便于客人自助服务，这样的受理环境以及便利店小额支付的交易特点为接下来移动支付业务的推广奠定了基础。同时，在2004年，日本产经省颁布《银行开展分期购买业务登记制度》，这意味着银行发行的信用卡可以采取分期付款形式还款，这极大地提升了银行经营信用卡业务的积极性，这一政策变化也引起了日本电信运营商的兴趣，DoCoMo随即收购三井住友卡公司股份，推出iD服务共同发展信用卡市场，“借道”成为发卡方，发行自有信用卡，顺利实现了角色的转换。最重要的是，2004年的日本运营商自身已经积累了足够的资本涉足异类，运营了5年i-mode已经积累近5000万人的用户规模，占其总用户的90%，并由此建立起来移动互联网生态系统，提供的基础服务涵盖邮件、多媒体、定位、下载等，内容提供商超过 60000 个，光鲜的数字充分表明 DoCoMo 已经谙熟生态圈的游戏规则。

接下来日本运营商在推广移动支付的过程中，更是把搭建生态圈的游戏规则发挥到了极致。作为移动支付生态圈的核心角色，DoCoMo 首先选择在支付领域已经有一定规模的 FeliCa 技术搭建非接触式平台，随后便是广泛联合产业链各方，一方面选择与国内规模最大的 Edy 合作，推出手机钱包业务，从而进入预付费小额支付领域，另一方面与线下渠道丰富的 AMPM 便利店合作，以最快的速度拓展支付终端渠道，就这样一步步搭建起完整的产业链组合。“万事俱备待东风”，作为移动生态圈的搭建者，DoCoMo 必然要承担丰富的受理环境的成本，为此，DoCoMo 推出了 100 亿日元的援助计划，主要面向有需要的连锁及大中型消费行业企业，如超市、便利店、百货公司、娱乐场所等，为它们提供读卡器免费安装服务，以当年每个读卡器 100000 日元投入计算，共可承担 100000 个读卡器的安装，DoCoMo 希望通过这样的方式加快形成渠道规模，事实上也实现了该目标，一年时间，门店数即达到 25000 个，用户数量达到 650 万人。当然，DoCoMo 也从每完成一笔手机支付行为就额外收取少量佣金，尽管 DoCoMo 其实并不在乎这一点点佣金。在今天看来，DoCoMo 大规模投资读卡器是那么的高明，可谓“一箭双雕”，一来可迅速丰富其移动支付的应用场景，二来，掌握读卡器（也就是 POS 机）就掌握了移动支付的命脉，了解中国银联、万事达等公司收入结构的人都明白这个道理。

其实在这里说到 DoCoMo，我们不得不说，也许是由于相似的文化背景，也许是由于经济上或者贸易上的彼此高度依赖，日本电信运营商以及日本互联网企业一直是中国企业效仿的对象。早在 2000 年 DoCoMo 推出的 i-mode 模式就给当时还在摸索前行中的腾讯公司和马化腾以启迪，“i-mode”

品牌增值业务选择与内容提供商合作，向用户提供各类有价值的应用，诸如漫画、音乐和图片下载等，由电信运营商代收费用，再与内容商分成。这样的模式甚至成为日后腾讯发展无线增值业务的思路源泉，腾讯也正是受此影响才推出其 OICQ 业务，纵观腾讯公司的发展史，这一业务的推出可以说是腾讯的转折。随后，阿里巴巴的成长与日本就有着更紧密的联系，时至今日，当马云前往纳斯达克敲钟的时刻，持有 34.4%股份的软银仍然是阿里巴巴的最大股东，甚至日后中国移动收购浦发银行也能看到当年 DoCoMo 涉猎金融行业的影子，商业也许就是这样，文化相近，模式相似，相互交融。

2005 年 线下散发出崭新味道

在成都市双流县的锦玉购物中心里，秦胜一家开了一家小超市，在店铺开业筹备阶段得知有一个叫作拉卡拉开店宝的终端设备。起初秦胜也不知道拉卡拉到底能提供什么样的服务，更没有亲身体验过。出于为周围的居民提供便利，同时也能让超市的服务更加全面的考虑，秦胜便在超市安装一个拉卡拉自助终端，但是拉卡拉给小超市带来的人流量以及口碑都是秦胜未能料到的，周围的居民都到他的超市进行缴费、还款，而且大多数人都会在超市消费，这也给他的小店带来了隐形的收益。做生意人气是非常重要的，拉卡拉在拉动人气方面起到非常大的作用，旺盛的人气是小店生意兴隆的有力保障，很小的一块投入却能让店铺的形象得到很大的提升。

2014 年 3 月，当笔者拿到新房的钥匙时，开发商同时交付一个外观小巧精美的刷卡器，作为乔迁的礼物，使用这个就可以很方便地缴纳电费等，提供上述服务的就是成立于 2005 年叫拉卡拉的公司和成百上千的拉卡拉硬件盒子。其实很久以前笔者就已经成了拉卡拉的用户，已经记不清多少次，下班回家面对漆黑的屋子，正是通过在社区便利店的拉卡拉付费，才又恢复了往日的光明。可见，这种基于线下的方式的确方便了我们的日常生活。

拉卡拉的创始人孙陶然之前已经有过几次创业经历，俨然顶着“明星连环创业者”的巨大的时代光环：1995 年曾与《北京青年报》联合创办《北京青年报·电脑时代周刊》，成为 IT 媒体的标杆；1996 年，联合创立中国第一家上市公关公司蓝色光标；1998 年主导恒基伟业掌上电脑“商务通”，并在 1999 年至 2001 年创造了销售奇迹。加之好友雷军、恩师柳传志的大力相助，可以说拉卡拉的成长之路起点不低。拉卡拉最初的目的就是让用户方便、快捷地完成各类充值缴费的业务。孙陶然的出发点只有一个，就是一定要保留用户在进行缴费动作时的刷卡习惯，同时节省时间。恰巧在 2005 年时 WTO 要求中国开放金融领域，中国银联也想做支付业务。在商务通时代有过成功营销经验的孙陶然经常被邀去做讲座，一来二去，孙陶然觉得还不如自己来做，一个硬件终端即可解决支付问题，而目标放在了社区便利店。

上海是最初拉卡拉终端推广效果最好的城市，因为上海人口稍多于北京，市区面积却只相当于北京的四分之一，人口密集度高，城市建设的现代化程度高，便利店可以提供的便捷服务已经成为市民生活的一部分。更重要的是，上海便利店店主拥有中国南方商人的经商风格：服务意识强，愿意尝试新的方法，能在为顾客提供便利的同时也挣到钱，这与之前提及的日本有很多相似之处，于是，在上海的便利店里，人们出门买杯豆浆，喝瓶酸奶，吃个包子，再顺手缴了水电煤气费，还了信用卡，再买点零食和可乐带上楼慢慢吃，慢慢地都已经是习以为常的事。在这个过程中，拉卡拉赚到了它想赚的手续费，便利店店主得到了手续费的分成，还搭售了店内的货品，一举两得。就这样，从上海到北京、广州，从一线城市到二三线小城镇，拉卡拉终端已经遍布全国数百个城市，上万个便利店，在相当多的城市里，拉卡拉比过去网点最多的邮政储蓄分布更广泛。

始终关注用户体验的拉卡拉近两年也注意到了用户支付习惯的变化，

最明显的就是预感到用户移动支付的习惯将有可能给电子商务和银行支付系统带来巨大的变化。在智能手机上提前布局后，于 2012 年 5 月，拉卡拉推出手机刷卡器，一个只有信用卡四分之一大小的小工具，通过耳机插孔与手机连接，再通过下载的 App 注册激活，手机就变成了一台移动刷卡器。两个月之间，出货量就达到了 70 万台。这款新产品给了孙陶然巨大的惊喜，如今，孙陶然的后备箱里总是放着一些拉卡拉手机刷卡器，见朋友的时候经常送几个出去，“不需要单独设密码，什么卡都能刷，没有支付限额，除了还要卖 199，它全身都是优点。”

与此同时，为了保持公共终端的活力，拉卡拉已经做好了将便利店和商户处的设备全面升级的准备，新的多媒体终端不仅保留现如今能完成的所有服务，还将基于 LBS 服务，留出更大的想象空间。掐指一算，能确定的业务就有打印优惠券、买彩票、买电影票等，未来还有可能在整个系统中进行点对点的广告推送。但从另一面看，互联网的繁荣还没能够创造出一个与其使用习惯相适应的占绝对主导地位的第三方支付的品牌，与之相关的广告、搜索、购物和社交等服务领域还有足够的空间施展拳脚，也许这就是拉卡拉未来的机会。

2006 年 尤努斯及其中国追随者

2006 年 10 月 13 日上午 11 点，瑞典皇家科学院诺贝尔和平奖评审委员会宣布将 2006 年度诺贝尔和平奖授予孟加拉国的穆罕默德·尤努斯及其创建的孟加拉乡村银行，也称格莱珉银行，以表彰他们“自下层为建立经济和社会发展所做的努力”。在得知获奖的消息后，尤努斯对挪威电视台说：“这对我们、对格莱珉银行、对所有贫困的国家和世界上所有的穷人而言，都是最好的消息。这是最终奖赏，它是如此特别，它是天一样的高峰”。

这是该委员会第一次将诺贝尔和平奖授予与消除贫困有关的个人和组织。同时，这也传递着一个崭新的信息，就是人类开始更关注实现和平的根本因素，即消除贫困和促进社会进步，在实现这一宏大目标的过程中，为贫困劳动者提供有效的资金支持成为关键。在诺贝尔奖委员会评价中提到，除非大多数人能够找到消除贫苦的办法和资金来源，否则长久的和平是不可能实现的。而尤努斯所倡导的小额信贷被证明是一种非常有效的扶贫方式：信贷额度小，无须抵押且偿还率高达 98%。小额贷款目前已成为一种遍及全球、非常有效的扶贫方式。到 2006 年时，全球就已经大约有 1700 万人因小额信贷而受益。最终，尤努斯从 191 名候选人中脱颖而出，喜得诺贝尔奖，他和他的银行也分享 1000 万瑞典克朗的奖金。

尤努斯的故事要从 1976 年的 27 美元说起。在 1976 年前后，尤努斯带领着学生去附近的农村调研，试图寻找到解决底层阶级的生活贫困问题的方法。一天，他们在一个叫乔布拉的小村庄采访了一位靠制作并售卖竹椅谋生的妇女。这位妇女告诉他，她辛苦一天只能赚 2 美分，原因就在于没钱去购买制作竹椅的原材料，她不得不去找一位商人借钱，这位商人只允许她把竹椅卖给他，而且收购的价钱还得由他说了算。事实上，这位妇女就是附属于这位商人的劳动力！那这些竹子值多少钱呢？大约 25 美分。尤努斯大为惊愕："我的天，仅仅为了 25 美分？那我们能为她做些什么吗？"他找出村里另外 42 位有着类似困境的村民，在把这些村民们的资金需求汇总后，尤努斯感受到他有生以来最大的一次震撼：这个数目一共只有 27 美元。尤努斯当即从他的口袋里掏出了 27 美元，借给了这 42 位穷人，同时他也意识到，造成穷困的根源并非是由于懒惰或者缺乏智慧等因素，而是一个结构性问题：缺少资本。这种状况使得穷人们不能把钱攒下来去做进一步的投资，以至于不管穷人再怎么努力劳作，都不可能越过生存线水平。穷人们需要的仅仅是在辛苦劳作与所需的资本之间的一个缓冲，这样就能尽快获得收入。于是，向这些没房没产的穷人提供借贷的想法就此诞生。尽管银行家们认定这些穷人不会有良好的信用而纷纷拒绝提供帮助，尽管也没有什么人愿意为几十美分的"小额"业务奔走，但是尤努斯一直没有放弃，一方面以自己为担保人向穷人们提供小额贷款，另一方面，不断地去游说孟加拉中央银行和商业银行来采纳他的试验。1979 年，孟加拉国央行终于答应开展这个名为"格莱珉"的项目，一开始由 7 家国有银行支行在一个省份进行试运作，1981 年增加到 5 个省份。这个项目的每一次扩张都证实了小额贷款的有效性。1983 年，格莱珉银行成立为独立法人机构，以更快的速度发展壮大。为了确保还款，银行分别采用了"团结组"系统以及专门为贫穷人士服务开发的信贷系统。除微型贷款外，银行还提供住房贷款，为渔场、灌溉项目、高风险投资、纺织业、其他活动提供经费，同时也提供储蓄等银行业务。在 2004 年，超过 6600 万人在该计划下受惠。2011 年，"格莱珉银行"已成为孟加拉国最大的农村银行，同时，高达 98% 的偿债率足以让任何商业银行感到嫉妒。而且，每一位借贷者都拥有这家银行一份不可转让的股份，占据这家银行总股份的 92%，这实实在在的是一家为穷人服务的银行，是穷人自己的银行。

同样是在这一年，“师从于”尤努斯的唐宁在北京创建了宜信公司，这个有着“中国尤努斯”之梦的中年人为中国搭建国内第一个 P2P 小额贷款网络平台，实现商业和公益的双重价值。也许是机缘的巧合，唐宁在美国攻读经济学硕士学位时的导师正是尤努斯的大学同学。经导师介绍，唐宁只身前往孟加拉国，学习尤努斯在当地尝试的小额信贷模式。那段时间，唐宁把大部分时间花在田间，每天骑着二八式的自行车，到孟加拉的村子里去看那些钱怎么送到贫困妇女的手中，去看她们五人怎么结成一个互助组签约，有的妇女连名字也不会写，就教她们写名字，教她们怎么用钱，怎么遵守信用，还要告诉她们要喝纯净水、洗脸用的毛巾和其他毛巾需分开等，正是这些基础的知识和亲临一线的经历让唐宁重新思考小额信贷的本质，也为后来宜信走线下模式奠定了基础。

宜信的信贷服务是从助学贷款开始的，这一方面是由于当时的中国存在巨大的教育培训市场，特别是经济形势发展后，考证、培训刺激了各类人群对于教育培训的巨大需求，市场空间巨大；另一方面是由于愿意参加教育培训的人群的信誉更好，偿还能力更强，这也保证了宜信在商业模式上是可持续发展的。在成立后的四年中，宜信已经为 1 万多名参加职业培训、语言培训的各类学生促成了累计超过亿元的信用贷款，成为教育培训领域最大的信用管理服务商。随后，宜信把产品拓展到更广阔的个人信贷领域，相继推出了针对小微企业主助业贷、针对城市白领消费的精英贷等服务，服务区域也迅速扩大到全国绝大多数城市。也许是出于对中国农村市场复杂性的考虑，宜信直到 2009 年才推出针对农村的宜农贷，但是即使已经拥有 3 年的城市运营经验，宜信依然谨慎地采取了与当地扶贫合作社合作的方式，从而减少了信息的不对称。今天，当我们再次打开宜信的网站时，已经能够清晰地看到宜信分别为特定人群提供的贷款业务，如图 1-2 所示。

图 1-2　宜信提供的贷款服务

唐宁在把尤努斯模式带到中国的同时，也开始其中国式的创新，有过华尔街投行工作经历，并多次从事电信、媒体、高科技企业的上市、发债和并购业务及相关金融服务经验的唐宁创立独特的中国式信贷经营方式，即线下债权转让模式，其核心交易结构就是宜信的创始人唐宁或其他高管提前放款给需要借款的用户，唐宁再把获得的债权进行拆分组合打包成类固定收益的产品，并通过销售队伍将其销售给投资理财客户。看似简单的分拆和打包成就了宜信的快速发展，因为它解决了传统理财市场上一个非常尴尬的问题。要知道，在经济发展的过程中，10 万元至 50 万元的闲置资金是一个非常尴尬的数字，股票市场风险过高，银行理财的收益又很低，信托产品利率高但门槛高至 100 万元。所以，大量 10 万至 50 万元的闲置资金缺少投资渠道，债权转让这种模式通过债权的组合分拆，实现了产品的标准化及类固定收益化，同时克服了线上模式极度依赖用户主动寻求贷款因而发展速度缓慢的劣势。从 2007 年起，宜信每年均以超过 200%的速度疯狂增长。随后的宜信延续着普惠金融、财富管理的方向全面发展，并在线下主导的方向中引入互联网思维。2012 年，宜信成立互联网部，主导线上服务的运营和研发，并于同年推出了线上 P2P 平台宜人贷，为国内高成长性人群提供信用借款咨询服务，并为大众富裕阶层提供理财咨询服务。纵然宜信的发展进程中质疑声不断，甚至出现了宜信在东北有 8 亿元贷款已成坏账的舆论压力，但是我们还是要说宜信模式成功地解决了特定人群的资金需要，开发了潜在的社会生产力。

无论是孟加拉国的格莱珉银行，还是中国的宜信，他们的每一步都建立在为个人和中小企业用户提供高度定制化的资金需求解决方案上。尤努斯把客户聚焦在贫困的孟加拉妇女身上，宜信则定位在中国新兴的大众富裕阶层，高度聚焦的客户定位和市场细分保证了机构的收益，同时也满足了特性人群个性化的需要，即使在互联网商业高度成熟的今天，个性化服务也是核心理念。同时，我们可以看出，在个体经营和中小企业迅速发展的发展中经济体内，有效的资金需求是核心关键，谁能为他们提供及时可行且有效的帮助，谁就能在接下来的金融服务市场竞争中占得先机。

2007 年 电信运营商登上历史舞台

“在东非，只靠一部手机就可以走遍天下”。今天，当人们走出肯尼亚首都内罗毕的乔莫·肯雅塔国际机场的时候，恐怕谁也不会相信，在接下来的日子里，只要你拥有一部手机就可以在这个国家顺利地完成所有的支付流程。无论是支付出租车司机费用，还是在城市角落里的咖啡店，甚至是在肯尼亚农村的香蕉地里，在肯尼亚动物保护协会支付收养动物的费用，人们都可以使用手机进行交易。这一切都源自 2007 年由 Safaricom 和沃达丰共同研发的移动服务 M-Pesa。

在我们的世界观里，所有的创新产品都来源于发达国家和地区，然后慢慢地传播到相对落后的发展中国家和地区，就是这样遵循着产品发展的传播规律，落后国家一直在追赶，始终未超越。但是在移动支付领域，非洲人给了我们一个大大的惊喜。本质上，这是一场移动货币的转账革命，因为移动、灵活换汇再也不必在日内瓦、伦敦或者纽约这样的金融中心进行，而仅仅需要拥有一部手机终端就可以轻松地解决这些问题，同时在规模上，今天 M-Pesa 的用户已接近 2000 万人，使用手机进行金融交易的人数是拥有银行户头的两倍之多。在具体操作流程上，M-Pesa 依赖于一个由小型店铺零售商组成的网络，他们注册成为 M-Pesa 的代理商，顾客来到这些零售商的店铺后，支付现金为手机充值，营业员使用手机进入消费者账户，瞬间陈旧的票子就变成了手机账户上的余额数字，一条欢迎短信告知账户余额，在这个时候，即使是来自金融中心的银行家们也会觉得好像自己是原始人一样。这些电子货币可以在不同的手机之间交换和转账，只需发送一条文本消息和一个系统代码。电子货币的收款人想要兑现的时候，只需拿着自己的手机到最近的零售店，用自己的文本短信就可以换成现金，一切都是那样轻松、便捷。

时间回到2006年，当时肯尼亚有38%的人口从未使用过任何金融服务，在那样的时代背景下，这场由通信运营商发展起来的支付革命彻底改变了非洲市场上的商业环境，给新兴发展中的肯尼亚带来了崭新的机会和勃勃生机。今天，那些为了生计而漂洋过海辛苦劳作的人们使用 M-Pesa 服务将打工的收入寄回祖国；为了创新，心向远方的青年才俊利用 M-Pesa 服务向远在旧金山的小额贷款公司申请贷款；在肯尼亚玉米地里辛勤劳作的农民使用 M-Pesa 服务随时偿还购买种子和化肥时赊欠的货款；在内罗毕的艺术家们使用 M-Pesa 服务与远在欧洲和北美的商人们公平交易自己创作的手工竹篮、工艺品等；所有心系非洲儿童的年轻志愿者们也可以使用 M-Pesa 服务走遍肯尼亚。所有这一切，就是 M-Pesa 服务带给肯尼亚人民最大的惊喜和福报。

应该说，M-Pesa 服务的成功给了电信运营商，甚至是手机制造商开发移动金融产品服务巨大的信心，可以毫不夸张地说，无论是日后欧洲电信运营商联合搭建支付平台，还是美国三大运营商成立合资公司，甚至是 Google 使用 NFC 技术开发手机钱包产品，M-Pesa 服务的商业模式都是案桌上的经典案例。

此时，我们再把视角转向东亚，通信技术先进、电子商务环境完善的韩国，其运营商也在这一年推出了酝酿已久的手机钱包综合性业务，主要分为三大部分：电子交易、移动股票和移动银行，并最终迈向 NFC 手机支付方向。其实早在 2002 年前后，韩国就已经有了短信支付等服务，例如，韩国 SK 电信分别在 2002 年 4 月商用化金融卡 Moneta 业务，2004 年 4 月商用化基于 CDMA 的 M Bank，但这一次，伴随着运营商网络升级，手机股票服务和手机银行服务全面升级至 USIM 卡上，这也意味着运营商从此渐渐成为移动金融服务的主体。随后，消费优惠券、商务名片等功能也顺理成章地嵌入到手机钱包业务中，进一步将移动和韩国人民的工作生活紧紧绑定在一起。2009 年，SK 电信为其 WCDMA 用户开通交通付费卡业务 T Cash，通过手机将信用卡与交通预付费业务联系起来，要知道在人口超级密集的首尔地区，交通问题是制约城市运营速度最关键的因素，为了解决这个最棘手的问题，T Cash 顺理成章增加了线上、线下的支付过程，并实现充值和用户之间的转账活动，“随时随地”和“便捷”成为 T Cash 服务的代名词，一方面，与银行和交易卡公司打通系统后通过手机实现充值，并实现便捷汇款；另一方面，T Cash 全面支持线上购买实物和数字化产品，并在便利店和各种零售店进行无现金支付行为，从而开启了电信运营商主导移动支付和金融活动的新局面。

2011 年，韩国正式进入 NFC 时代，此时韩国选择在首尔明洞地区进行为期三个月的试商用，整个覆盖区域部署 230 个 NFC 标准的 POS 终端，商户覆盖区域内的十大主要品牌店铺。随后，2012 年的韩国丽水世博会向全世界展现了 NFC 在韩国的高速发展状况。丽水世博会的出入口应用“NFC Mobile”入场券。游客凭借这种入场券即可直接刷券入场，免去排长队检票的麻烦。世博会园区理念更是无处不见 NFC 的“身影”：首先会有以 NFC 技术为基础的智能停车场服务，可以告知游客停车场信息和空车位的位置。在这里，人们可以通过 NFC 功能读取海报信息，以 NFC 技术为基础的语音导游服务也是丽水世博会的亮点之一。在水族韩国馆等展示馆内，用智能手机扫描 NFC 标识，就可以了解展品信息，并享受多语言讲解服务。最后，支付更是 NFC 最重要、最基本的功能，在世博会园区内只要游客有一部智能手机，不用排队，就可以在世博园内的 300 个结算台直接用手机进行结算。可以说，韩国移动支付市场实现了 NFC 技术的全面商用化，如果说 M-Pesa 的成功推广为电信运营商在移动金融领域的发展给予重大信心，那么韩国电信运营商的努力为日后实现 NFC 卡空间的全面运营打下了坚实的基础。

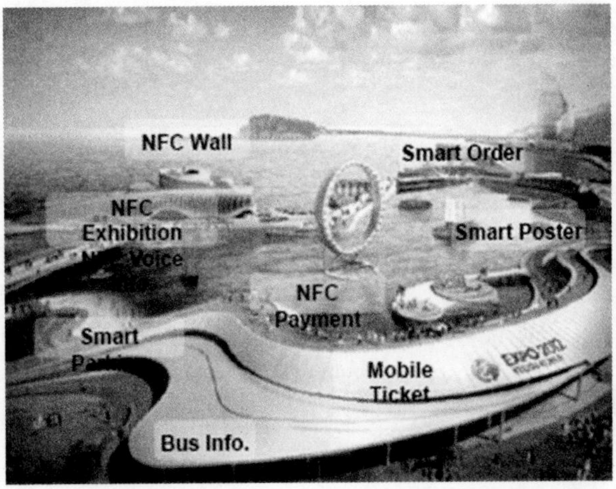

同样是在 2007 年，在互联网改变金融行业的进程中还发生了一件大事，它为日后小额信贷业务的发展摸索出了一条适合中国国情的道路。2007 年 6 月，国内第一家较大的 P2P 公司“拍拍贷”在上海注册成功，这家公司的成立掀起了中国借贷业务的互联网浪潮。

“拍拍贷”最初的创业想法来自顾少丰，他无意中关注了诺贝尔和平奖的得主孟加拉银行家尤努斯，这位创立穷人银行格莱珉的银行家将 27 美元借给 45 个穷人，借款人均获得按时还款的故事引发了顾少丰的思考，那么这种模式能在国内推行吗？于是，他找到了同窗好友张俊和胡宏辉，几个工科男开始了自己的头脑风暴。此时，拍拍贷的合伙人们仍然在与金融不相关的领域各自忙碌着：顾少丰正在运营自己创办的播客聚合平台“菠萝网”；张俊正在微软效力，是一名兢兢业业的团队负责人；胡宏辉在职业律师路上乐此不疲，梦想着有一天能前往美国成为大律师。当时的他们只能隐约地感到金融领域的开放、民间借贷的阳光化、互联网技术与金融行业发生交汇都会是未来的大趋势，其实并没有什么清晰的商业模式。于是，从最开始尝试通过熟人介绍，到后来转向开放平台模式，从而有了今天拍拍贷的雏形，再到后来搭建信用平台，一步步下来，拍拍贷在诚惶诚恐中日渐成熟，并始终坚守着“只做纯线上模式”的互联网理念。因为创始人张俊坚信，互联网公司中真正的强者都是按照纯平台的模式在运营，线下模式虽然可以通过一个闭环来控制业务量与利润，但长远的发展空间会相对受限。纯平台的概念能够形成更长的价值链及更广阔的商业圈，因此，也能实现价值最大化。

在前进的过程中，拍拍贷既有过被骗得晕头转向的惨状，也有过成功融资的欣喜，同时也体会到行业规范化对于拍拍贷坚持理想的回报，所有这一切留在了合伙人的心里，也为其他 P2P 公司提供了参考，但无论发生什么，无论到了什么时候，拍拍贷始终走在“寻找”的路上。

2008 年 风暴中，网络借贷发挥渠道优势

2008 年对中国及全世界来说都是极不寻常的一年。夏日的北京，所有的人都在积极准备着即将到来的奥运会。一夜之间用鲜花装扮起来的北京闪着光芒：仅用几年时间就修建起来的地铁和轻轨、无与伦比的新首都机场和令人难以置信的鸟巢体育馆等，这一切都展示着北京以及中国的新气象。毫无疑问，井喷式的经济增长激发了中国人民强烈的民族自信心。

但随后而来的就是几十年一遇的全球经济危机，一场由次级债引发的经济危机从美国开始逐渐蔓延至全球范围，2008 年 9 月 15 日，拥有百年历史的投行雷曼轰然倒下，雷曼员工搬着箱子离开华尔街的视频滚动播出。当时花旗银行的股票最低时跌到 1 美元/股，全世界都陷入了极度的恐慌，很快危机扩散到了中国，一时间仿佛整个国家都弥漫着经济危机的阴影，在浙江、广东等地，大量的中小企业资金紧缺、濒临破产，也出现了大量中小企业主跑路的现象。此时，没有任何东西比资金更重要。各国银行均收紧银根，地下钱庄盛行，这也给了互联网企业一个发展的机会，在美国，经过静默期之后的 Lending Club 在 2008 年 10 月 14 日重新开业，这也正值 20 世纪 30 年代以来最严重的金融危机期间，无所畏惧的 Lending Club 把金融危机当作一次机会，每一次听到新闻中传达传统金融系统低效和失调的信息后，都认为该创新了。尤其是当银行收紧银根开始停止贷款，创始人 Laplanche 看到了真正的机会，他们可以解决一部分金融危机的问题，因

为谁都知道人们此时比过去两年的任何时候更需要资金帮助，更需要Lending Club能够提供的服务。在中国，拍拍贷等企业也完成了认证系统、信用评级系统和反欺诈系统的上线，为后续的发展奠定基础。

2009 年 守住入口，等待时机

正在风暴中的中国经济力图在“四万亿”的刺激下扭转乾坤，但是很遗憾的是，大量的资金都用到了基础建设上，最明显的迹象就是几年间纵横大江南北的高速铁路开通了，城市之间的高速公路加宽了，当然，还有大城市的房价飞涨起来了，有的城市甚至翻了好几番。总之，中小企业几乎没有得到“四万亿元”的红利，这样的现象自然也让互联网企业家们深切地意识到，幸存下来的中小企业仍然急需资金，等待着适合自身的金融服务。在这一年中，以支付宝为代表的新型互联网公司不断完善自己，完成自己系统的升级，一步步拓展业务，积累着自己的实力，守住入口，等待着机会的到来。

历史出奇地巧合，就像 2003 年的非典危机使得人们更加青睐通过互联网从事日常生产和生活活动一样，相比其他行业而言，2009 年的经济危机对中国电子商务的影响是最小的，此时的电子商务行业仍具有非常好的成长性，即使是在经济危机最严重的年初，仍不乏大手笔的资本注入 B2C 行业。伴随着网络渠道价值凸显，反而出现了大型企业试水网络直销，尤其以商业巨头中粮和航空业巨头东航最明显。同时，“四万亿元”带来的中国基础建设的迅速发展，尤其是物流交通能力的打造，对电子商务的发展起到了非常重要的作用，这或许也给了今天转型中的中国经济一个启示，也许正是出于这方面的考虑，林毅夫等经济学家们仍然坚持政府要加强交通物流等基础设施建设。

如此大规模电子商务的需求，自然也就刺激了互联网交易额规模的激增，2009 年全年，中国互联网交易额为 5700 亿元，相比 2008 年的 2743 亿元增速超 100%，连续五年保持翻番增长，网上支付市场规模 5 年增长了近 30 倍。对这一数字贡献最大，自身发展也最快的当属支付宝，毫不夸张地说，未来阿里所有的业绩无论是双十一的疯涨还是纽约 IPO 时创造的奇迹，都源于在这一年的增长。

从数字上看，从 2007 年年底支付宝注册用户在 6000 万人左右，到 2008 年 8 月突破 1 亿人，而到 2009 年 7 月，其用户数突破 2 亿人，用户规模始终保持高速增长，并呈现出加速增长的态势，进一步巩固行业领军者的地位。2009 年 12 月 8 日恰逢支付宝成立五周年纪念日。在此前 1 天，支付宝日交易额突破 12 亿元，达到 12.13 亿元，可谓是最好的生日礼物。此时的外部商户数已经增长到 46 万家。庞大的用户规模和商户规模是支付宝交易额增长迅速的坚实基础。那么为什么支付宝能取得这样好的业绩呢？答案很简单，就是行业拓展和支付技术创新。2009 年 4 月，支付宝与成都绿地集团达成房产交易领域的合作，双方将共同推动国内首创的支付宝预付定金制度，每笔房产交易预付定金一般在 2～5 万元。通过接入支付宝，绿地集团真正实现了在线即时定房；2009 年 9 月，支付宝在上海地区联合申通快递创办的票务通网站，推出火车票代购业务。票务通会在 2 小时内通知用户是否代购成功，代购成功的会在 48 小时内送票上门，而代购失败的则会在 24 小时内全额退款。应该说积极推动支付行业应用拓展也是日后所有第三方支付做大规模的重要选择。同时，在支付模式创新方面，支付宝再一次领先行业，2009 年 8 月 20 日，淘宝网、支付宝宣布与多家快递公司达成合作，正式在淘宝网全网推行货到付款，这意味着支付宝一直在探索的货到付款项目已经步入实质性阶段。与推动网点支付服务的初衷一样，支付宝货到付款项目也是将部分可以在线下实现的环节转移到线下，降低网购门槛。2009 年 8 月 24 日，支付宝宣布推出信用卡大额支付业务，可以支持交行、广发、中行、光大、兴业、招行六家银行。用户在支持该业务的商家购买大额商品时，只要使用相应银行的信用卡就可以进行大额支付，一次付清。在商户选择方面，支付宝会执行严格的审核标准。支付宝风险管理部门会分析具体的交易记录和数据，从源头开始就做好商家的评估和判定，最后做出是否接纳商家接入信用卡大额支付服务的决定。

线上支付迅速发展的同时，线下支付企业也在一如既往地下沉，如果说对线上来讲，用户数就是核心，那么对线下支付和金融来讲，网点渠道数量就是王道。2009年新年伊始，拉卡拉与沃尔玛达成战略合作，拉卡拉便利支付点开始在60余个二三线城市逐步下沉布局，到2009年9月时，拉卡拉已经完成了38个城市完全覆盖、88个城市布局，便利支付点达3万余个，月交易量600万笔，99%的品牌便利店已与拉卡拉达成战略合作，拉卡拉便利支付点已融入城市居民日常生活中；在2009年7月，拉卡拉与携程网、盛大游戏等数百家著名电子商务企业达成合作，开通拉卡拉支付通道。

2010年 资本发力网络借贷市场

2010年3月10日，香港证券交易所一份特殊的公告展现在公众面前，中国移动将以398.01亿元人民币认购上海浦发银行共22.08亿股A股。公告显示，中国移动全资附属公司广东移动与上海浦发银行签订股份认购协议。交割后，中国移动将通过广东移动持有上海浦发银行经扩大股本的20%权益，并成为上海浦发银行的第二大股东。这条公告一经发布，轰动全国。作为全球移动用户数最多、具有国资背景的大型央企开始布局金融领域。双方的合作范围包括但不限于合作开展移动支付业务、移动银行卡业务、移动转账业务，以及其他形式的移动金融及移动电子商务业务。时任中国移动董事长王建宙表示："从一开始，这就是一个战略投资，不是单纯的财务投资，这是电信主业向新领域的一种延伸，拓展移动金融业务"，随后，中国移动和浦发银行开始了一系列的合作，既有营业网点、电子渠道上的协同，又有积分互换，共享客户服务资源、贵宾服务，一直到2012年年底推出"中国移动-浦发联名卡"将双方合作推向新的高潮。事实上，在今天看来，王建宙董事长的判断的确是有远见的，2008年中国大陆全面升级第三代移动通信网络后，中国移动在网络技术和手机终端产业链上存在劣势，以及通信行业整体增长速度下滑的大背景下，中国移动主业的利润开始负增长，而此时就在这关键的历史转折性时刻，正是其持有的浦发银行20%的权益"增亮"了中国移动的三张报表。

此时发展到一定规模的互联网借贷公司Lending club也开始受到机构

投资者的青睐。2010年，投资圈里的一些大额资本开始对Lending club这种模式感兴趣，大额投资者希望能有一种崭新的可控产品，而不再是当前一笔一笔的投资。就这样，2010年11月，Lending Club旗下的LC Advisor投资管理公司作为一个独立的主体成立了，他专门为大型投资者投资于Lending Club的收益权凭证提供一个流动性更好且附加有破产保护的投资方式。LC Advisor为投资者提供了两个基金，the Broad Based Consumer Credit Fund（BBF）投资于为期36个月和60个月的所有等级的贷款，而The Conservative Consumer Credit Fund（CCF）则只投资于评级为A和B的贷款，且重点投资于A级贷款。LC Advisor的两个基金都是通过信托持有的，起初的最低投资额度是10万美元，并且只针对经过认可的个人和机构投资者购买。没有大量的广告宣传，仅仅依靠一支几十人的销售队伍和口碑相传，此产品就已经取得非常好的效果，两年的时间就已经有数亿美元的资金投入其中，随即最低投资额度也调整到50万美元，更重要的是，信托产品固有的破产隔离实体本质上就保证了即使Lending Club破产，其投资者的资金也能够得到保护。

同时，其北美市场的竞争对手Prosper也积极吸引机构投资者。2011年年中，某机构投资者公开宣称，将在未来数年间在Prosper上投资1.5亿美元，这也成为迄今为止P2P借贷行业披露的最大一笔投资。2013年年初，Prosper又聘请了前富国银行执行董事和美林证券的全球销售总监Ron Suber作为Prosper全球机构销售总监，进一步体现了Prosper吸引机构投资者资金的成果。中国的宜信随后也成立了宜信财富，专注大众富裕阶层，除了P2P贷款产品，也为客户提供基金、保险、信托等业务。这一次，美国市场再一次成为中国公司的老师。

2011 年 NFC 登场，社交金融初露端倪

2011 年 5 月，谷歌推出了一款颠覆性的产品，即“Google Wallet”手机钱包业务。也许是出于缺乏线下运营经验的考虑，谷歌钱包在推出之初只采取了试探性的策略，比如，只支持使用 Sprint 运营商的三星 Nexus S 4G 手机，又如，仅与万事达公司达成了一个初步的协议，再如，还采取为年底前使用预付卡的用户赠送 10 美元充值等类似的营销策略。但我们还是要说，作为一家互联网行业的龙头老大，谷歌选择了“线下模式”，不得不说是一个极大的突破，因为只有打通线下支付渠道，才能为谷歌进一步发挥搜索业务的优势，打造商业生态圈提供基础，几年之后的今天，我们才发现 O2O 是建立商业生态的重要路径，无论是从线上到线下，还是从线下到线上，O2O 都可谓殊途同归。

谷歌选择在这个时候推出手机钱包业务时机正好。作为一家以搜索引擎服务为核心，涵盖电子商务、地图导航等多功能的综合性服务提供商，在移动互联网时代急需在移动

端打开突破，为其广告等核心收入扩展新的渠道来源，而支付就是最好的入口。从自身的发展来看，经过几年的推进与发展，谷歌旗下安卓系统的市场占有量率已经超过 30%，在全产业链上已经占有一席之地，同时，这一年谷歌收购摩托罗拉手机业务，获取了大量手机硬件方面的专利，可以说此时的谷歌在手机产业链上已经拥有了一定的话语权。从外部竞争来讲，美国的运营商此时正在忙碌着建设新一代移动通信网络、争抢用户，一直无心顾及移动支付这一增值业务。强烈的发展需求、自身综合实力的提升，以及良好的外部环境造就了谷歌钱包的应运而生。

任何一个新的事物起初的路都充满荆棘，谷歌钱包尤其如此，谷歌为其推广可谓奔走相告，一方面，谷歌积极扩展金融机构和核心商家的合作范围，仅使用极短的时间便和 Visa、Discover 以及美国运通卡实现合作，同时，与众多核心商家广泛洽谈，在谷歌钱包内部植入百思买、耐克等品牌的电子优惠券和礼品卡。另一方面，积极部署 POS 终端，在美国本土的很多场合都会看到合作推出的 POS 终端，无论是旧金山的梅西百货，还是纽约的公共停车位旁边，都会看到印有“Paypass”的终端。

但是，谷歌的种种努力并没有带来期待中的效果，同样采用开放平台的谷歌钱包始终没有像安卓操作系统一样取得成功，始终没有打通移动支付产业链，究其原因就是谷歌在全产业链中没有绝对优势。移动支付一直以来都存在众多玩家利益协调的问题，在这条产业链上的电信运营商、手机制造商、信用卡公司、银行、连锁商户等，每一环节都是各自领域的巨头，正是这种复杂的利益链，最终导致了谷歌钱包的推广不利。最典型的一个环节就是手机制造商加入 NFC 模块本身就一个巨大的成本投入，在讲究规模发展效应的移动支付，这个成本谁来垫付呢？又有哪一家设备厂商愿意为此买单呢？要知道 CDMA 制式的手机成本高于 GSM 制式的原因就是因为其产业链上的用户只有几亿人，数量较少，更何况区区几十万的谷歌钱包用户。加之后续 Verizon 等电信运营商的封堵，谷歌钱包的大范围推广之路可谓漫长而遥远。谷歌钱包的案例也引发了人们的思考，人们不禁要问移动支付真的只能当作入口吗？真的不能有一家公司会控制生态圈吗？早些年的日本运营商 DoCoMo 做支付业务的初衷也仅仅是利用移动支付业务增强用户黏性，降低用户离网率，主要的收入来源还是语音业务和数据业务。当消费者去给手机钱包充值时，钱实际上是充给东日本铁路公司等发卡公司，而不是充值给日本运营商。那么时至今日，在商业博弈中，会不会有崭新的模式出现，我们拭目以待。

同样是在这一年，欧洲运营商纷纷踏上了提供移动支付服务的航程，就像在二战之后欧洲国家选择成立欧共体一样，在不断扩大的欧盟版图上早已在移动通信领域融合运营的欧洲运营商们，顺理成章地选择联合搭建移动支付平台。2001 年 6 月，在英伦三岛，Vodafone、O2 和 Everything Everywhere 三家企业合资组建移动支付公司；在丹麦，TDC、Telia、Telenor 和 3 Denmark 联合组建合资公司，主要负责开发手机钱包支付平台；2001 年 8 月，在德国，德国电信、西班牙电信子公司 O2 和沃达丰决定将德国移动支付服务 mpass 品牌注册成立独立公司，推出基于 NFC 的支付服务。2001 年 11 月，在瑞典，Telenor、Telia 等公司组建了合资公司，共同处理移动支付业务；“移动支付、合作运营”一度成为那一时间段欧洲运营商新闻发布会上的主题。在业务策略上，欧洲运营商也选择与金融机构合作的模式，同样是在 2011 年，法国运营商 Orange 英国子公司宣布与巴克莱银行合作推出名为“Quicktap”的 NFC 商业服务，用户使用 NFC 手机可以在 5 万多家零售商店实现 15 英镑以下小额手机支付应用，如图 1-3 所示。英国业务的成功经验促进 Orange NFC 业务的发展，2011 年，Orange 发展了 50 万个 NFC 终端，到 2012 年，这一数字已经达到 300 万个。所以，我们可以毫不夸张地认为，2011 年是 NFC 迅速发展的一年，随后的几年，美国、中国等国的运营商，甚至是后来的苹果公司都选择 NFC 作为移动支付的主要介质。

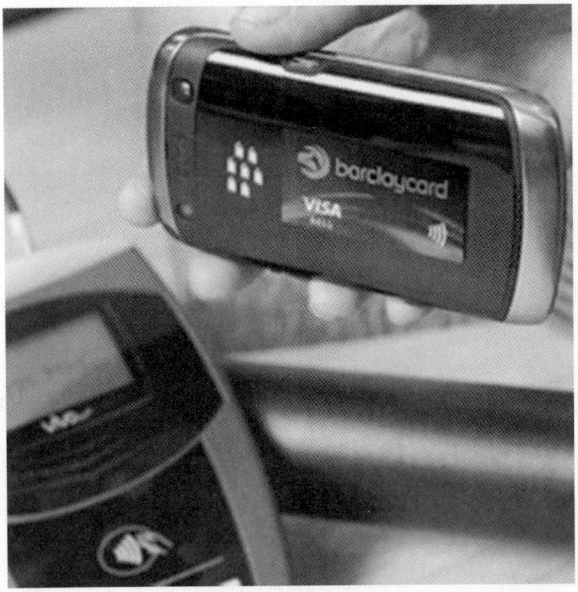

图1-3 巴克莱银行与Orange英国合作推出非接触支付

其实，2011年不仅仅是移动支付的萌芽，这一年更是移动社交的元年。在这一年1月21日，腾讯公司发布一个为智能终端提供即时通信服务的免费应用程序——微信，它支持跨电信运营商、跨手机操作系统平台快速发送免费语音短信、视频、图片和文字，同时，用户还可以使用通过共享流媒体内容的资料和基于位置的社交插件“摇一摇”、“漂流瓶”、“朋友圈”、“公众平台”、“语音记事本”等服务插件，微信一经推出，迅速从发源地广州一路北上，特别是当免费语音短信功能推出后，引爆全国。仅耗时433天，微信用户破1亿人；半年之后的9月17日，微信用户破2亿人。

秉承着互联网思维的腾讯人永远不缺闪光的思想和新鲜的创意，每一次活动过后都会给腾讯的用户数带来巨大的增长。2012年12月31日晚，微信携手百事可乐共同在广州举办“点亮广州塔”活动。新年倒数时，微信邀请广州全城的微信用户在城市的任何一个角落一同摇动手机，通过微信“摇一摇”功能，成为“点灯者”。随着参与人数和摇动次数的增加，广州塔瞬间被一格一格地点亮。羊城人就这样迎来了崭新的一年。这样的营销方式对微信无疑是一个大胆创新的尝试，十分契合微信本身的创新气质和倡导生活方式的理念。借助新年契机，点亮亚洲第一高楼，以微信“摇一摇”为代表的行为艺术传播让品牌辨识度达到了巅峰状态，也是对羊城市民最真实、最客观的精神需求和行为特征的直接表述，这对微信品牌的传播具有重要的意义。2013 年 7 月 25 日，微信的国内用户超过 4 亿人；同年 8 月 15 日，微信的海外用户超过了 1 亿人。这样的用户数增长绝对让人瞠目结舌，要知道，中国电信从 2009 年年初开始运营 CDMA 网络，耗时五年，使用数十亿元的营销成本，也才换来了不到 2 亿人的用户规模。

2013 年 8 月 5 日，微信 5.0 正式上线，在该版本中微信支付商业化功能正式推出。通过集成在微信客户端的微信支付功能，用户以绑定银行卡的快捷支付为基础，快速完成支付流程。支付场景包括：微信公众平台支付、App（第三方应用商城）支付和二维码扫描支付。就像其他的支付渠道一样，微信也寄希望于通过支付抢占电子商务入口，并且事实证明，这种通过“社交+支付”的入口方式是成功的，原因就是最大限度地开放平台，合理地平衡产业链各方利益，才能最快地实现用户积累。

起初，微信支付通过实现和银行卡的绑定，帮助用户快速实现支付流程，像腾讯自己的财付通等第三方支付一样，实现客户端的支付功能，充话费、购买电影票、购买腾讯拍拍网上的商品等，到此时，微信支付和其他所有的第三方支付并无不同，但随后腾讯建立在微信支付上的一系列线上线下的跨界产品，帮助其彻底成为移动商务平台，其中理财通、嘀嘀打车业务等就是最好的证明。时至今日，腾讯的微信开放平台已经正式开放了第三方移动应用的微信支付申请，此时，第三方的移动应用审核通过后直接接入即可，配合微信推出的一整套 SDK，在应用内即可上线微信支付功能。在此之前仅有大众点评、嘀嘀打车等少数第三方应用接入的微信支付正式面向所有的第三方应用，凭借其庞大的微信公众号资源，在移动 App 上推广微信支付，微信占据相当大的优势。

今天，招商银行允许用户通过微信查看、偿还信用卡账单，并在线回答用户的问题；蘑菇街和美丽说等时尚购物网站通过微信发布新款时尚服饰并支持在线下单支付；哈哈镜等连锁餐饮允许用户通过微信下单并实现美食配送，如图 1-4 所示。微信支付的全面开放就这样引发了移动电子商务及 O2O 的爆发，通过这个入口，微信支付把商家和用户紧密地联系在一起，更关键的是，在这场游戏中，腾讯并没有“侵占”商家的利益。

图 1-4　微信支付典型应用

在这一年中，无论是谷歌钱包的发布，还是欧洲运营商联手打造 NFC 支付平台，或是腾讯用互联网的思维一步步整合移动支付，产业链的各家已经意识到，抢占用户才是关键，规模发展才是王道。

2012年 深化融合全面爆发

2012年，是互联网对金融行业影响加深的一年，因为在过去的几年中，几乎所有的互联网元素都已经深深地渗入到电子金融和电子商务的领域中，几乎所有类别的企业也都已经或多或少地开展了移动支付和基于互联网的金融业务，更重要的是，几乎全球范围内的每一个角落都留下了新型金融业务拓展的脚印，良好的发展基础和对未来业务演进的美好预期都预示着一个全面爆发的态势就要向我们走来。一个明显的现象就是在2012年，全社会都开始关注互联网对于传统金融领域的改变和影响，一方面，对第三方支付、P2P贷款的媒体报道一下多起来，好像一下子各方都想说上两句；另一方面，央行和证监会等政府机构开始表态，也意味着这场变革已经在一定程度上影响了中国金融改革的进程。下面我们就回顾一下当年运筹帷幄中金融变革的推动者们的努力和付出。

经历了几年蓬勃发展的电子商务到2012年时已经具备了很大的规模，成为中国贸易发展中重要的组成部分，截至2012年年底，中国电子商务市场交易规模达7.85万亿元，同比增长30.83%，电子商务占GDP的比重已经高达15%。电商随之也开始涉足传统商务贸易的相关附属领域，例如，物流、供应链融资等。尤其是面对在商品交换中经常遇到资金链短缺的商户们时，电商选择利用自己常年积累下来的交易数据建立自身体系内的信用评估体系，成立小贷公司，专门为供应商提供贷款融资。

2012年8月29日，阿里信贷宣布向江浙地区普通会员提供贷款，不用任何担保抵押，只凭借企业在阿里平台上的交易信息就可以申请，并且24 小时随用随借。阿里基于自身平台的物流、信息流、资金流的电商生态系统上的建设，在金融业务方面取得了很好的效果，2013 年上半年，阿里累计向小微企业投放贷款 130 亿元，帮助小微企业超过 4 万家。2012 年 11 月 27 日，京东也对外正式发布其首个金融服务类产品——供应链金融服务系统，并从中行北京分行得到京东一个数亿元的授信额度的承诺，为自身体系下的供应商提供贷款支撑。随后，京东的供应链金融产品再次从五大国有银行以及数家股份制银行申请了总计 50 亿元的授信额度。这也成为京东收购网银在线之后，向金融领域进军的又一重大举措。2012 年 12 月 6 日，苏宁电器发布公告设立“重庆苏宁小额贷款有限公司”。苏宁小贷公司注册资本拟定为人民币 30000 万元。三大电商平台先后发布小额贷款冲击传统信贷模式这一举动意义深远：首先，有利于加快电子商务开放平台建设；其次，促进供应链、物流、金融三个环节高效融合，有效降低风险，提升资金使用效率；最后，形成面向消费者、供应链的完整的金融服务板块，增加用户黏性，提高自身竞争优势。

在这一年，电信运营商在资本运作、业务结构调整之后也终于在移动支付和移动金融领域迈出了实质性的一大步。在大洋彼岸的美国，从独立运营、排他竞争思路转变为开放合作广泛寻求产业链上下游机会的美国三大运营商 AT&T、Verizon 和 T-Mobile 成立合资公司 ISIS，经过一年的发展和一次次的业务推迟，终于在 2012 年 10 月 18 日开始在得克萨斯州的奥斯汀和盐湖城两个城市试运行移动支付服务。这项名为“ISIS”的服务将允许消费者单击装有一种特殊计算机芯片的智能手机来进行支付活动，而无须通过商家的支付终端来进行支付。这是数十项旨在将消费者的手机变成“移动钱包”的服务之一，这种“移动钱包”能存储信用卡和借记卡的账户信息，还能存储客户忠诚计划信息及商家折扣券信息。

在中国，2012 年 6 月 22 日，中国移动与中国银联签署移动支付业务合作协议，长期以来始终支持 2.4GHz 移动支付标准的中国移动宣布与银联经过一年的争论还是败下阵来，最终还是转向 13.56MHz 标准。在双方的签约仪式上，中国移动董事长奚国华饶有情趣地将本次双方的合作戏称为“有情人终成眷属”，但其中的苦涩恐怕也只有中国移动自己人清楚。本次合作，中国银联与中国移动合作主要是共同探索手机终端更多支付功能的应用，具体实现方案将采纳以手机 SIM 卡等为银行卡账户载体，借助移动通信网络，提供信用卡还款、便民缴费、在线购物等远程支付服务，还可在商场、便利店、自动售货机等贴有中国银联“闪付（QuickPass）”标识或中国移动“手机钱包”标识的场所，通过手机实现快捷支付。双方计划半年时间内实现在 50 个城市打造 100 个商圈，完成 100 万台 POS 机具的改造，并从系统平台方面实现近场支付技术标准、NFC 手机产品检测、可信服务管理平台（TSM）互联互通等方面开展深度合作。

在与银联合作的同时，之前投资浦发的中国移动和浦发银行合作推出了浦发联名卡，我们可以看到，中国移动无论是在与银联的合作拓展，还是投资浦发银行联名卡推进手机钱包，都能隐约地看到 DoCoMo 移动支付和移动金融业务思路的影子。

面对第三方支付、电信运营商、互联网公司、电商企业和银行卡组织等通过技术和商业模式的创新，蚕食本属于银行的业务领域的形势，商业银行的高管们也遭遇到了前所未有的压力。2012 年上半年，时任中银董事长的肖钢不止十次去互联网创新企业调研，每次都会带上分行行长，并借此给他们“洗脑”。招商银行副行长丁伟和高管团队每隔半年也会和国内最重要的互联网企业合作伙伴进行业务沟通。十年前就被比尔·盖茨一句“传统商业银行将成为 21 世纪最后的恐龙”经典判断深深激发的马蔚华行长此时更加深刻地意识到金融互联网化的趋势，2012 年 7 月 9 日，他在“哥伦比亚大学中国企业研究中心高峰论坛”上发言指出，“以 Facebook 为代表的互联网形态，将影响到未来银行的生存”；2012 年 9 月 18 日，在招行和 HTC 联合发布移动支付标准确定后首个移动支付产品——“招商银行手机钱包”发布会上再次表示，“银行本身具有 IT 属性，信息技术与银行业如同空气一样，须臾不可或缺，历史上每一次通信技术的变革，都会带来银行的变革”，在大银行家们重视和感叹的同时，商业银行终于做出了反击，反击的方式就是建立自己的电子商务平台；背景只有一个，就是电子商务和银行信息化这两个一度平行发展、相互促进的行业开始发生越来越激烈的碰撞并产生交集；目的也只有一个，增强用户黏性。因为在商业银行看来，做电商业务最重要的目的是稳定客户、黏合客户、服务客户，这与电商单纯盈利的目的不同。2012 年 7 月 10 日，建行宣布旗下“善融商务”上线，并且仅用一个月时间签约商户过千，会员发展至数十万人。2012 年 8 月，时任中国银行行长的李礼辉在中期业绩发布会上从总行战略层面提出建设“智慧银行”的战略构想，希望在实现客户服务从线下向线上迁移的同时，根据互联网的特点再造银行业务流程。2012 年 9 月 18 日，就在财付通宣布新移动支付业务的同一天，招商银行与 HTC 联合发布了中国移动支付标准确立后的首个移动支付产品“招商银行手机钱包”，为消费者提供银行卡与手机合二为一的最新移动支付服务。

至此，互联网电商、电信运营商和商业银行完成了移动支付和电子金融业务的全面布局。

2013 年至今 互联网金融疯狂爆发

在过去的几年中，互联网企业已经开始了深刻改变传统行业的进程，微信的出现使得中国移动的短信业务收入一年内减少数亿元，淘宝光棍节一天的交易额就已经超过了北京王府井一年的销售额。到了 2013 年，互联网行业终于撬动了传统的金融行业，并且表现出极明显的特征，以至于很多人都会把 2013 年称为互联网金融的元年。在这一年中，互联网金融产品层出不穷，并且严重冲击着银行的存款业务，第三方支付也在侵蚀着商业银行的中间业务。一时间，包括商业银行和 BAT（百度、阿里巴巴和腾讯的简称）等在内的互联网企业，以及电信运营商纷纷加入互联网金融业务的竞争中，同时，各种各样的互联网产品层出不穷，甚至连一些学校还专门开设了互联网金融的课程，而在全社会点燃这股热潮的当属阿里推出的一款产品“余额宝”。2013 年 6 月 17 日，余额宝服务正式上线，支付宝用户通过支付宝网站将其资金转入余额宝账户中，以购买天弘基金旗下的货币基金“增利宝”获得收益。通过“余额宝”，用户不仅能够得到较高的收益，还能随时消费支付和转出，无任何手续费。与活期存款相比，余额宝产品收益高、申购赎回方便，迎合了广大互联网用户，尤其是年轻人的理财需求。余额宝服务推出的第 18 天，其用户数量突破 250 万人，一时间余额宝成为人们茶余饭后的热点话题，甚至人们在醒来的第一件事就是打开客户端看看自己余额宝当天的收益。如此高的关注度实际上也帮助余额宝取得越来越好的收益和吸储量，到 2014 年 7 月，余额宝的规模已经达到

5700多亿元，这个数字绝对属于世界级别的，已经进入世界三大货币基金行列。

任何时候，人们都会对一个新鲜的事物展开两方面的讨论和评价，余额宝的推出同样引发了人们的热议和质疑，自从余额宝出现的那一天起，人们对它的质疑就从未停止过。诚然，余额宝存在很大的风险性，它的效果也远远没有自己描述和人们想象的那么好，甚至很多人认为余额宝在某种程度上根本就没有创新，只是穿上了货币基金这层外衣，甚至包括余额宝在内的互联网产品对社会融资成本的上升都有影响，我们不可否认，这些评价是有一定道理的，但是余额宝的出现的确产生了积极的影响，主要表现在三个方面：首先，余额宝满足了最低收入者的理财需求，再一次改变了理财的时间周期，如果说前面提及的宜信充分满足了闲置资金在10万至50万元的中产阶级人群的需要，那么余额宝所满足的就是彻彻底底低收入者的需求，即使是一分钱也可存入余额宝，这对于支付宝中的闲置资金是一个极大的利用；其次，就是此款产品的推出带给人们的是一种理财的观念，正是余额宝的推出，人们开始真正理解年化收益率的概念，并由此开始养成了理财的习惯，越来越多的人走进银行开始查找各种各样的理财产品；最后，余额宝的概念深深地影响着其他互联网行业渗透金融，多种互联网公司纷纷推出了“宝贝”产品，百度的百发、腾讯的理财通，甚至是运营商也推出了添益宝等产品，一时间所有的公司都在通过金融理财产品吸引用户，当然更多的还是增加用户黏性。这一典型的现象一直持续到2014年春节腾讯公司推出的“新年红包”业务达到了高潮。

事实上，从金融的本质上讲，互联网企业很难在金融业务上对商业银行产生冲击，毕竟商业金融机构积累起来的多年的产品研发能力与风险控制能力不是新进入者一朝一夕就能理解和掌控的，但是我们也必须承认，互联网技术已经深深地改变了金融行业，有产品运营效率上的提升，也有渠道效率上的改进，所有这些都告诉我们人类已经进入了崭新的时代。

几百年前的大航海时代，哥伦布驶向了美洲大陆，尽管开始大量的贩奴贸易，打破了印第安人的生活，劫掠了南美大量的白银，但是，也给印第安人带去了新的思想和文化，大量的移民产生了新的人种和物种。随后侵入了亚洲，大肆掠夺，但是也给亚洲人民带来了甘蔗等经济作物，世界彼此相融。几百年之后，互联网技术的演进再一次将整个世界彼此连接起来，今天，通过互联网可以直接核算不同的汇率，也可以购买美国证券交易所的期货等，互联网深深地改变着金融行业，也将世界各国的金融紧紧地联系在一起。

第 2 章 互联网思维激发崭新金融产品

互联网技术使得崭新金融产品的出现成为可能，互联网思维使得崭新金融产品的出现成为必然，金融产品互联网化形态初步形成。在这一过程中，既有互联网巨头大刀阔斧的推广和创新，不断满足用户的点滴需要，也有商业银行在控制风险的前提下利用互联网工具改进现有产品，改善自身服务。最终，催生出了不同的产品形态，触动着不同的受众群体。

十年的历程，互联网技术日新月异，金融市场环境也在不断地变化，变化中的两者相互融合，激发出崭新的金融产品。在今天，互联网金融已成为一个时髦的词汇，并有不同的定义。本书认为，互联网对金融业务的影响可能体现在产品形态、产品部署、产品内容、营销服务等各个环节，并且认为只要其中任何一个环节实现了互联网化，即可谓金融产品的互联网化。从产品形态和部署来看，以往商业银行只是将互联网当作其金融产品的销售渠道，把营业厅和大客户经理销售的金融产品放在网络银行上销售，但是今天像Lending Club这样的P2P公司已经实现借贷双方的平台化交易，所有的评估和信息录取调用全部在互联网上进行。在产品内容上日趋丰富，且不断创新，今天无论是互联网公司还是商业银行，都开始针对互联网特征开发崭新的产品，例如，阿里巴巴针对用户支付宝账户里的闲置资金推出了货币基金产品余额宝，京东根据自身电商平台的用户特征和历史交易数据推出京东供应链融资产品，提升电子贸易交易额。在营销服务上，移动互联网的出现，商业银行把营销推广、客户维系服务等转移到了微信平台上就是最好的证明，数据显示仅招商银行一家使用微信服务就已经替代每年发送的上亿条的客服短信。

互联网已经全面渗透到金融产品，并推动金融服务全面升级。通过互联网实现支付业务、与互不相识的人进行信贷交易，互联网公司及金融机构通过社交网络完成金融产品的销售等。

第三方支付，互联网公司进入金融服务的入口

第三方支付伴随着互联网浪潮改变人类生产和生活

生产和生活效率全面提升

本书始终在强调互联网浪潮一次次地冲击着金融行业，追根溯源，互联网企业选择的切入点就是支付行业。十几年来，互联网支付行业的点滴变化深深地改变着我们的日常生产和生活，以往只能通过银行柜台、ATM 机甚至是邮政汇款进行的转账业务，今天可以通过互联网与银行联网轻松地实现；聚餐后的年轻人也可以使用类似于微信 AA 收款这样的支付手段取代复杂的计算，几千年来不变的红包今天也搬到手机应用客户端上，打开手机客户端即可实现缴纳水电费等功能。在商务活动中，大量的航空商旅、生产制造企业通过网络实现支付结算整合，甚至借助互联网支付的影响，衍生出更深层次的网络金融产品层出不穷。应该说，第三方支付有效地提升了人们日常生产和生活的效率。

在各个行业，支付同样改变着行业的运作规则，甚至在很大程度上促进了行业的变化和演进。批发零售行业是社会生产和生活中人们接触最多、与老百姓关系最密切的行业，整个行业将成千上万的商品供应商和消费者联系在一起，互联网对整个行业的全方面流程打通实际上是通过支付实现的，支付业务的发展大大降低了商业门槛，实现了多个数据流的统一，促进了 C2C 业务的发展。正如前面讲述的支付宝产品，通过支付宝账户，用

户就可以实现交易资金的接收、支付和暂存管理，并且交易可在客户的虚拟账户间完成，也可以在虚拟账户和银行账户之间完成，这样账户的集中收付加快了资金的清算速度，减少了使用银行支付服务的成本，用户使用这个账户不仅可以为商户提供银行网关支付的集成服务，还为商户和用户提供了资金的暂存、信用担保等服务。

再看看企业服务，以航空服务业为例，航空商旅行业作为国家经济运行的命脉，对商贸交往、商务会展、文化交往起到重要的支撑作用，目前我国航空业一年的出票规模能达到 3000 亿元，服务旅客 3 亿多人次，同时围绕着航空机票、旅游的中间产品和服务形成了非常复杂的产业链。尽管早在 2008 年，国内航空业就已经实现了客票电子化，销售渠道也随即从原有主要依靠代理商线下销售逐渐转为线上销售，但是行业本身的多级分销模式并没有改变，分销层级过多，资金流在各级之间流转太慢，导致航空公司收款时间长、运营成本高的问题仍然没有解决。

而此时，一个叫作汇付天下的第三方支付机构向航空商旅业的渗透，彻底解决了这个问题。成立于 2006 年的汇付天下很早就察觉到航空票务行业正在经历着客票电子化进程带来的销售模式上的转变，于是基于对客户运营模式、电子商务需求和电子支付需求的理解，为业内公司提供定制化的电子支付解决方案，即 PNR 钱管家系统，这套系统成为航空业电子支付的首选账务处理服务，通过这套系统，航旅交易系统在虚拟账户中实现了交易实时分账、收款实时到账，从而加速资金周转，为旅行社和旅客提供了极大的便捷，资金流、支付流和商旅的信息流有效地融合。同时，这套系统还在航空业售票领域首次提出了“信用支付”的概念，为航空产业链上下游提供垫资服务，以提高机票代理分销的资金周转效率，从而获得更大的收益。目前，每天来自全国数百家资信良好的航空公司票务代理正在使用信用支付产品，每日授信额高达数亿元。信用支付使航空票务代理每年的资金周转率从原本不超过 20 次，提升到 120 次，其收益也随之增加。

第三方支付提升效率最直接、最明显的场景就是跨境贸易和跨境支付，帮助众多企业和个人减少了烦琐的结汇流程与合规风险，主要体现在以下两个方面：一方面，时间就是生命，有效地提升商品和资金周转率一直都是跨国贸易服务商努力的目标，而跨境支付在缩短交易及结算时间方面起到了重要的作用，信用卡跨境支付一般在客户妥投 15 天之后开始结算，按照即时支付时的汇率，结算成人民币汇到商户/个人的国内银行账户，但是使用 PayPal 提供的即时收款服务，电汇到国内银行只需要 3～7 天，商户自然就可以提取贷款现金，国内的支付宝也与诸如 DHC、亚马逊等国外网站合作，提供人民币跨境即时付款服务，支付宝把客户的订单金额按照当天汇率自动转换成人民币，用户只需要使用普通人民币银行卡，就能通过支付宝完成支付，而以往海淘用户还需要专门办理万事达等双币卡，且时间上也只需要 3～5 天。另一方面，使用第三方支付做跨境贸易在安全性上有了更多的保障，由于跨境交易的复杂性，我国发展外贸交易过程中商户长期饱受着国外订单单方面欺诈的痛苦，个人用户的权益更谈不上保障，而第三方支付平台在这方面担当了特别重要的风险识别和防范作用，尤其是支付宝的虚拟账户担保功能将安全保障作用发挥到了极致，只有国内用户确认了满意之后，担保账户中的资金才会付给国外的卖家，最大限度地保护国内消费者的资金安全。最后，还降低了跨境支付服务收费，第三方支付机构的手续费往往要比信用卡跨境支付低很多，例如，PayPal 每月的手续费只有 2.9%～3.9%，如果通过支付宝完成跨境支付，甚至不需要支付换汇手续费用。相比之下，一般信用卡跨境支付年服务费在 5000～10000 元，每笔手续费在 3%～5%，服务费的降低非常有助于扩大跨境交易的规模。

金融产业整体服务质量提升

第三方支付进入市场竞争，对于提升支付和金融市场服务质量有很大的促进作用，在最大程度上活跃了金融市场的服务竞争，无论是在技术上、服务价格上还是商业模式竞争上都是这样。首先看看价格，第三方支付切入支付市场后，不断压缩手续费用，特别是秉承着免费思维的互联网企业甚至是以免费的方式为用户提供支付服务，一次次逼迫银行不断下调手续费用，在某种程度上银联因此每年“损失”几十亿元的手续费收入。当然，这种价格上的竞争也在倒逼商业银行和第三方支付机构不断创新商业模式，因为第三方支付双边性市场决定了一定能从商家处发掘新的商业机会。事实上，我们也看到了第三方支付不断出现的业务模式和应用上的创新，数字金融的模式已经出现，例如，今天阿里金融就是最典型的脱胎于第三方支付的应用创新，不断迭代后形成了专门为中小微金融服务的商业模式。

另外，第三方支付的出现确实让金融服务回归到人们的日常生活中来。拉卡拉就是一个典型的例子，它远比商业银行做得更好，它更为用户着想，例如，使用手机客户端就为百姓提供网上缴费、充值信用卡还款服务，一个简单的拉卡拉小盒子就帮助用户在便利店实现缴纳水电费的功能，从某种程度上说，无论是购物、娱乐、教育，还是健身、交通，只要是政策上允许的，第三方支付公司都会涉猎。同时，他们的积极参与也带来了整体服务质量的提升，记得一位商业银行从业人士曾表示过：“我们可以认为互联网企业对商业银行没有造成任何挑战，我们也可以认为金融的本质丝毫未变，但是，互联网思维让商业银行更懂得如何从客户的角度去思考问题。”的确，商业银行在随后的服务转型过程中，也开始着手从用户的行为上下工夫，也开始不断地融入科技元素。招商银行开展微信服务就是最好的案例，以往只能依靠手机短信确认，现在也可以在微信平台上开卡，办理相关业务，招商银行走上了社交营销服务的道路，同时，正是第三方支付企业最先汲取互联网的思维，并由此作为互联网思维改变金融业务的起点，随后一系列的互联网化的金融服务开始出现，互联网理财、众筹融资、P2P 等。无论是线上的互联网支付还是线下支付，我们都能看到第三方支付业务发生的积极变化，以及他们对生产生活带来的改变。

爆发式增长的互联网第三方支付

从前面的内容可知，贸易的发展促进了金融的变革，而作为金融业务核心的支付业务自然也就和贸易产生了千丝万缕的联系，这种关联性尤其在第三方互联网支付公司上体现得最明显。在新世纪的十年里，一方面，电子商务的发展促进了互联网第三方支付交易额的不断扩大，另一方面，互联网第三方支付的交易规模以及便利性不断提升，又反过来促进了电子商务贸易的发展，同时还为电子商务提供了更多的金融工具。

Paypal 一直以来都是第三方互联网支付的核心，接下来本书通过研究 Paypal 的商业模式和发展战略，来阐述第三方支付带给传统支付和金融行业的变化，以及对电子商务的促进。我们首先回顾一下支付帝国 PayPal 的“时间简史”，通过分析互联网第三方支付一路演进的历程，来寻找其中的规律。我们既能从中看到电子商务与电子支付紧密相连的发展史，或许还能看到美国版支付宝和余额宝的影子。

成立于 1998 年的 PayPal 最开始只是实现通过邮件系统完成支付，起初为了扩大用户数量，所有在 PayPal 上开户的用户都能得到 10 美元的补贴，同时提供货币市场基金产品，允许用户使用其 PayPal 账户上闲置的资金获取收益，当然目的还是能够借此留住用户。尽管这样，当时的 PayPal 并没有找到一个核心的业务点能够迅速吸引用户，用户数量自然也没有达到预期。一个偶然的机会，PayPal 发现 eBay 用户的拍卖页上出现 PayPal

的 Logo，PayPal 果断地改变商业策略开发基于 eBay 的在线购物支付系统，正是 eBay 的支持帮助 PayPal 用户净增 10 万人。随后为了应对电子商务系统的应用，PayPal 还为此专门设立了服务和运营中心，并且特别完善和强化数据安全，以应对电子商务结算的需要。在 2002 年 10 月，eBay 以 15 亿美元的价格收购了 PayPal，并将其整合到网站系统中，就这样，全球最大的电商平台和在线支付的绝对领先者走到一起，这也意味着 PayPal 的发展路线图中每一步的发展都将紧紧地与电子商务同步，特别是在商务拓展上。比如，在 2004 年，当 eBay 进入英国市场时，PayPal 自然成为首选的支付工具，因此，在当年也实现了收入增长 300%，全球收入达到 14 亿美元的好业绩，可以说，eBay 走到哪里，PayPal 就辐射到哪里，几年时间，PayPal 的业务扩展到全球 103 个市场，支持的货币增加到包括瑞士法郎和新加坡美元在内的 10 种货币。后来伴随着电子商务不断转移到移动端，PayPal 也开始为用户提供基于手机的转账业务，并发布 API，促进开发者和商户开发更多的在线支付应用和服务。在与东家 eBay 一起增长的同时，PayPal 一方面实现交易额的增长，另一方面也在不断地实现自身支付系统的丰满：与 Facebook 达成战略合作关系，通过 Facebook 全球的广告商可以使用 PayPal 付费，用户也可以使用 PayPal 在 Facebook 平台上购买虚拟商品；与巴西运营商 VIVO 合作，由此巴西的移动用户可是使用 PayPal 购买通话时长、产品和服务；与美国家居连锁店 Home depot 合作，零售用户可以通过 PayPal 在 2000 家门店中完成支付。

一路走来，PayPal 缔造了硅谷的传奇。截至 2013 年年底，作为 eBay 的绝对核心支付品牌，PayPal 已经能够帮助其个人和企业客户安全轻松地实现通过线上和线下多种设备的支付转移业务，业务覆盖全球 193 个主要市场，交易货币种类达到 26 种，活跃用户达到 1.43 亿人。

纵观 PayPal 十年发展历程，最关键的就是十多年前的那场联姻。10 年前，eBay 是当之无愧的全球第一大电子商务平台，PayPal 也在经历着飞跃的发展，有过不到半年时间用户数从几千人到超过 100 万人的狂飙过程，但是相应的成本却是每月花 1000 万美元。正是 eBay 这次伟大的收购改变了一切，PayPal 随即转变成为免费增值模式，依靠 eBay 的渠道，公司的支付产品快速在大量的中小商户群体里扩张。尽管 PayPal 的出售也充满争议，批评者要么认为价格有问题，要么质疑并购能给 eBay 的在线拍卖带去的价值，有人甚至认为这起并购是“过去 10 年科技界做得最糟糕的决定”。但是我们不得不说，在当时的背景下，PayPal 选择 eBay 绝对是一个明智的选择，一方面，当时 eBay 已经在和富国银行讨论关于他们专门处理信用卡服务业务的合资公司 Billpoint 对所有的 eBay 用户免费开放的事宜，eBay 补贴足以削弱当时 PayPal 的核心竞争力，尤其对刚刚上市的 PayPal 来说是灾难性的打击。另一方面，就是美国不同州市严格的监管制度，PayPal 那时却有独特的业务模式，迫使其不得不一州一州地去申请现金划拨牌照，因为联邦存款保险公司认为这不是一家银行，州检察院也在挑 PayPal 商业操作的毛病。所以无论怎么样，在当时的背景下，彼此需要的 eBay 和 PayPal 走到一起对彼此来说都是不错的选择。选择共同成长的 eBay 和 PayPal 都收获了不错的成绩。下面我们通过图 2-1 所示的数字进行说明。

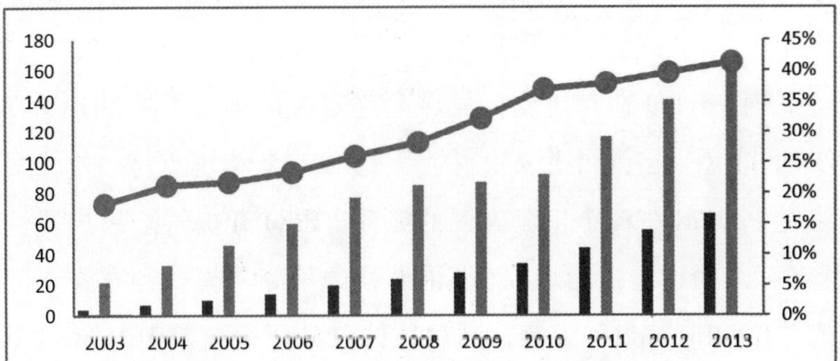

图 2-1　PayPal 与 eBay 收入曲线

曾经的亲密造就了双方的共同发展，但遗憾的是双方的发展速度并不匹配。众所周知，eBay 核心的集市业务在失去活力，糟糕的用户体验、其他替代性的小公司电商渠道等负面因素越来越明显。但是在 eBay 的阴影期里，它的支付业务却保持稳定增长，在 2014 年第二季度里，PayPal 贡献了 13.7 亿美元的营业收入，占 eBay 纯收入的 40%，22%的年复合增长率说明，它不是一个衰退的业务，有的推论认为，PayPal 成为 eBay 最大的一块业务只是时间问题。从数字上看，2013 年全年 PayPal 平台上全部交易中来自 eBay 的却只占 30%，而在 2008 年时，这个比例为 51%。难怪机构投资者们都希望 PayPal 能有所行动，要么选择独立运营，要么选择再次出售。果然，2014 年 10 月，eBay 和 PayPal 终于快走到了分手的路口，eBay 宣布将于 2015 年剥离旗下快速增长的支付业务部门 PayPal，两家公司将各自独立运营，未来 PayPal 也将更加专注于支付业务。

其实，透过 PayPal 的发展历程我们也能够看到互联网第三方支付企业的创新和发展之路，发展的道路上既有自身业务的不断完善所取得的效果，也有不断应对自身运营、市场竞争和监管部门给予的压力等，但不变的是，PayPal 始终保持创新，始终积极应对。

一方面，PayPal 在为消费者和商户提供全球范围的跨境支付服务领域始终保持领先，1.43 亿人的活跃用户数，在 193 个国家支持 26 种货币，这一切足迹证明 PayPal 在跨境支付领域的绝对统治地位。在 2013 年，PayPal 大约 48%的 TPV 来自海外业务，并且大约 26%是跨境支付。跨境服务如此之牛也可见 PayPal 在资金机制方面的领先，PayPal 提供给用户多种资金机制。消费者可以通过包括信用卡、借记卡和电子商户等多种方式支付资金，即所谓的“funding mix”服务，同时，PayPal 还通过其 Bill Me Later 服务向用户提供信用产品，只是由于金融牌照的限制，目前 PayPal 的信贷产品还要依托于银行等金融机构。

另一方面，也许是持有硅谷基因，PayPal 始终紧跟时代步伐。比如，发迹于线上支付的 PayPal 敏感地嗅到了移动发展的趋势，并迅速制定出移动优先战略。2013 年，PayPal 成功收购 Braintree 以加强在移动支付领域的市场话语权，借此扩充了零售商和消费者的覆盖范围，当年 TPV 通过移动设备的交易达到 270 亿美元，其中大约一半来自电子商务；为了增强 PayPal 在实体店铺的可用性，PayPal 在美国与 Discover 合作提供 ePOS 服务。秉承着开放化理念的 PayPal 走上了平台化的道路，以实现更简单、直观的转账操作流程，打造最专业的支付平台。

当然，PayPal 的支付业务在取得良好业绩的同时，也正在面临着不断增长的竞争压力，竞争对手主要包括相对较大的支付公司和大型的互联网公司。近期，谷歌已经发布了一款针对安卓用户的钱包产品，同时还和万事达卡签订有上百万家商户联网的合作协议；已经在实体店进行钱包业务探索的苹果，希望能够将 6 亿 iTunes 用户转化为线下的消费者，苹果公司在 iPhone 5S 中加入的指纹识别技术被视为信用卡签名的替代技术，iPhone 6 更是直接加入了移动支付功能。亚马逊最近也发布了 Kindle 版本的支付系统，亚马逊的 2.3 亿用户可以通过该系统互相转账以及在实体店进行消费。但是最让 PayPal 沮丧的恐怕还是 Square 的崛起，支付初创企业 Square 在没有科技巨头规模优势的情况下硬生生地从零起步搭建起一个即将成为移动支付标准的支付平台。同时，用户的“挑剔”和技术的进步也给 PayPal 的线上和线下支付体验带来了压力，比如交易过程的响应速度、商户和消费者操作流程的便捷性等。

同时，在内部，PayPal 也在面临着自身运营成本上的压力，由于 PayPal 并不直接接入诸如 Visa 和 MasterCard 这样的支付卡网络，所以 PayPal 必须依靠银行或者其他支付机构处理交易，这就意味着 PayPal 必须为此付费。支付网络发生的任何费用变化都会给 PayPal 带来巨大的运营成本的增加，从而增加其财务风险。但 PayPal 仍然相信，未来伴随着 eBay 仍然保持 20% 的收入增速，PayPal 的业绩也将继续高歌引航。

展望明天，PayPal 的美好前景自然依靠"移动优先"战略，致力于打造移动支付操作系统的 PayPal 毫不掩饰其野心，坚信要让自己和全世界所有的产品交易都发生关联，借此成为全球性的支付平台，无论是在线上还是在线下。对线上业务，人们自然不必担心，刚刚收购从事一键支付业务软件企业 Braintree 无疑进一步巩固了其支付巨头的地位，该公司的软件已经嵌入到 Uber、Fab.com 和 HotelTonight 等服务里，任何移动端应用都可以轻松地加入 Braintree 的一键支付功能。然而对 PayPal 真正的考验是在实体店领域。由于商家和顾客对纸币和塑料卡都已经非常熟悉，所以，需要足够大的激励力度才能改变他们消费的支付方式。毕竟，商铺要有安装收款设备的意愿，消费者也要乐意安装付款软件，其中还涉及成本问题。对此，PayPal 把精力用在商户侧。如今，PayPal 已经在超过 100 万个零售点进行了 POS 机软件授权改造，并且和家得宝、Foot Locker、反斗星、Jamba Juice 和 Dollar General 等达成覆盖协议，目的只有一个，就是希望商户们可以找到让用户进行移动支付的最佳路径。一旦取得效果，未来用户在支付时不必用手，可以减少排队时间，也可以使用定制化的消费券和实时点券。鉴于不同的商户有各自的特点，不同的用户有着不同的消费习惯，PayPal 并不认为会有一个"通吃天下"的产品，反而希望能够建立起一个移动支付领域的操作系统，同时为零售商、软件开发者提供符合自身特点的关键网络、程序以及硬件支持。最终将线下体验做到极致，即用户可以很快找到想要的商品，可以迅速支付并离开店面。另外，商家也将更了解客户的购物信息，客户也将获得更好的购物体验，此举一旦实现，未来的线下消费与目前在线上购物的体验又有什么区别呢？特别是在 2014 年，PayPal 在硬件方面已经有了不小的动作，推出了一款火柴盒大小的廉价蓝牙传输器 Beancon 设备，通过它可以实现手机和商户收款系统的互联。和

PayPal 新推出的钱包应用相结合，Beacon 允许消费者通过储蓄账户或者信用卡完成支付，用户还可以使用消费券并同时获得消费积分。相信“软硬兼施、线上线下并举”的 PayPal 会继续引领着移动支付的时代潮流。

图 2-2 展示了 PayPal 帝国的演进历程。

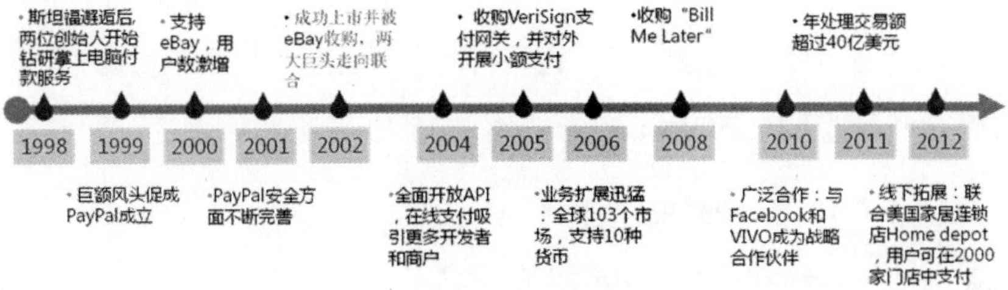

图 2-2　PayPal 帝国演进历程

- 1998 年：在斯坦福大学相遇后的 Peter Thiel 和 Max Levchin 分别成立了专注于安全服务的公司 Fieldlink 和 Confinity，前者提供在掌上计算机存储加密信息的服务，使得掌上计算机变成了移动钱包，后者直接提供基于掌上计算机的金钱交易服务，安全性很强。

- 1999 年：Peter Thiel 获得来自诺基亚和德意志银行的 450 万美元风险投资，Max Levchin 使用 72 小时完成了 Demo 程序的代码调试。同年，PayPal 正式成立，起初用户在 PayPal 上开户将得到 10 美元。同时，PayPal 开始提供货币市场基金产品，允许用户使用其 PayPal 账户上闲置的资金获取收益。

- 2000 年：1 月，当 PayPal 发现 eBay 用户的拍卖页上出现 PayPal 的 Logo 时，PayPal 果断改变商业策略开发 eBay 在线购物支付系统，eBay 的支持帮助 PayPal 用户净增 10 万人。4 月，PayPal 设立了第一个服务和运营中心。

- 2001 年：PayPal 在数据安全方面不断完善。

- 2002 年：2 月，PayPal 成为美国“9·11”事件之后第一个上市的公司，上市当天，股价上涨 54%，达到 20.99 美元/股；10 月，eBay 以 15 亿美元的价格收购 PayPal，并将其整合到网站系统中。就这样，全球最大的电商平台和在线支付的绝对领先者走到一起。
- 2004 年：5 月，PayPal 发布了首批 API，促进开发者和商户开发更多的在线支付应用和服务。12 月，作为 eBay 英国可选支付工具，PayPal 收入增长 300%，全球收入达到 14 亿美元。
- 2005 年：10 月，PayPal 收购了 VeriSign 支付网关，并融入自身的平台，同年，PayPal 对外介绍小额支付。
- 2006 年：4 月，PayPal 为用户提供了基于手机的转账业务；10 月，PayPal 的业务扩展到全球 103 个市场，支持的货币增加到包括瑞士法郎和新加坡美元在内的 10 种货币。
- 2008 年：10 月，PayPal 通过 8.2 亿美元现金和价值 1.25 亿美元的股票期权收购了“Bill Me Later”，一举巩固了 PayPal 在支付领域的领导者地位。
- 2010 年：2 月，PayPal 与 Facebook 达成战略合作关系，借此，Facebook 全球的广告商可以使用 PayPal 付费，用户也可以使用 PayPal 在 Facebook 平台上购买虚拟商品。8 月，PayPal 推出智能手机支付应用，并处理了 7.5 亿美元的交易金额；12 月，PayPal 与巴西运营商 VIVO 合作、巴西的移动用户数可以使用 PayPal 购买通话时长、产品和服务。
- 2011 年：PayPal 一年积累处理 40 亿美元的交易金额。
- 2012 年：PayPal 联合美国家居连锁店 Home depot，用户可以通过

PayPal 在 2000 家门店中完成支付。

上文内容描述了 PayPal 一路走来，在互联网平台上实现跨越以及取得的成绩，他的追随者们也是一样，日积月累，悉心经营，融入本地特色。美国的 PayPal、中国的淘宝，以及全球市场上的第三方支付企业，他们创新的举动在很大程度上促进着支付市场的发展。时至今日，互联网第三方支付已经成为支付市场上重要的组成部分，交易规模、用户市场份额、参与方等多个角度都已经占很大比重，甚至在某种程度上已经形成垄断。反过来，互联网第三方支付将促进电子商务的发展，同时还促进了支付的不断升级，即产生了快捷支付等新的业务形态，以及新的金融产品形态，例如，阿里小贷、余额宝，本书后面将详细阐述。

线下支付，另一片天空

在互联网浪潮下，所有的商业都在发生改变，但是商业有着自己的规则，支付和金融也有自己的规则，在中国神奇的土地上，线下业务永远是巨人的商机所在，截至目前，电子商务交易额占贸易总额还不到 10%，中国不是仅有王府井和淮海路，还有很多经济相对落后的村庄和广大西部土地。相应的支付技术和场景也是千差万别的，在西藏拉萨，藏民们还是喜欢到中国邮政储蓄银行存款、汇款；在广大农村市场，恐怕连小额支付都不会使用电子渠道，因为文化程度决定了当地人们不相信电子渠道的安全性和稳定性，即使是在首都北京，每月发放退休工资的时候，明明已经办理了银行卡的老人，仍旧选择排着长队等着到柜台办理业务，商业银行支付是这样，电信运营商也是这样，网上支付如此发达，但是电信运营商通过话费预付卡充值的比例仍旧很高，就意味着线下支付始终作为我国商业支付和金融发展进程中的重要组成部分，并在今后很长一段时间内都将发挥着作用。从数字上看，目前，线下支付依旧占据着第三方支付的绝大多数，且主要集中在POS收单业务上，在这个领域的银联和商业银行绝对占据领导地位，从交易额数据上看，目前主要的支付渠道仍然是以银行塑料卡为代表的线下支付，特别是第三方POS收单业务。

第三方POS收单业务是持卡人通过第三方支付机构的终端POS机具为银行卡特约商户代收货币资金的行为。消费者在商户处消费后，商户的交易数据传送经过第三方收单方，再通过银联传至发卡行，通过第三方机构完成商户与发卡行的电子传输，以及刷卡、授权、清算等一系列流程。从盈利模式上讲，POS收单业务的盈利主要来源包括手续费、信贷利息等方面，其中，手续费主要包括扣率收入和非扣率收入，扣率收入是指商户根据毛利润额按照一定比例支付手续费，并按照7:2:1的方式在发卡行、收单行和银联之间分配。经过十几年的发展，扣率收入的市场环境日趋规范，手续费用也相对明确，如表2-1所示。

表2-1　商业银行POS手续费

商户类别	发卡行服务费	银行卡清算组织网络服务费	收单服务费基准价
餐娱类：餐饮、宾馆、娱乐、珠宝金饰、工艺美术品、房地产以及汽车销售	0.9%，其中房地产和汽车销售封顶60元	0.13%，其中房地产和汽车销售封顶10元	0.22%，其中房地产和汽车销售封顶10元
一般类：百货、批发、社会培训、中介服务、旅行社以及景区门票等	0.55%，其中批发类封顶20元	0.08%，其中批发类封顶2.5元	0.15%，其中批发类封顶3.5元
民生类：超市、大型仓储式卖场、水电煤气缴费、加油、交通运输售票	0.26%	0.04%	0.08%
公益类：公立医院和公立学校	0	0	按照服务成本收取

线下POS刷卡一直是商业中重要的支付手段，是银行卡受理环境的重要组成部分，其核心业务就是收单交易处理、商户的拓展与培训。2013年第三季度，全国共发生银行卡交易121.73亿笔，金额108.07万亿元，同比

分别增长 20.78%和 22.53%，实现了交易额连续三个季度突破 100 万亿元。

当然，这里强调线下 POS 支付的规模和重要性，并不是说线下渠道就没有任何改变，在互联网技术和互联网思维的影响下，各个支付业务主体在线下领域也在积极部署、深耕发展，并呈现出业务多元化和渠道移动化的趋势。下面分别阐述其中的变化。

一方面，业务呈现多元化趋势，POS 机具迭代衍生出越来越多的增值业务功能，应该说目前这种商业模式尽管有很多问题，特别是针对银联质疑声越来越高，但是对支撑金融活动还是起到了重要的作用，商家也在其中有很多技巧，尽可能地减少交易手续费，比如，有的商家（尤其是一些大卖场）就采用线上线下相结合的方式，甚至还出现不同的商品通过两种方式支付手段手续费用不一致的情况，当然，这也反映出我们的支付体系在融合过程中还有很多路要走。正是因为 POS 收单及支付业务的比重，以及潜在的市场空间和商业机会，针对 POS 收单业务的商业模式也频频出现，最典型的创新就是我们熟知的优惠和打折。这种创新主要还是来自我们熟知的第三方支付服务公司，因为他们特别愿意为了新的商业模式创新而付出，并且参照预付费卡的商业策略。比如，当我们走进咖啡厅，经常看到使用信用卡会有优惠的活动，这后面其实蕴藏着一个商业机会，商业银行承诺给商家最低的消费数量，然后即可享受到 7 折的团购价格，进而给信用卡消费者 8 折，整个核算过程都在 POS 机具的设计中，其中还有与积分之间的核算，收单方不仅得到了手续费，也获得了额外的收入，这样的商业创新其实做到了三方满意，最终还促进了消费。不过，从目前来看，大部分商业银行类似于信用卡营销还都是纯粹的补贴，一般来说，一家银行每年在星巴克级别的商户上补贴费用达到几千万元人民币。

另一方面，线下应用最大的更新还是硬件，并且呈现出移动化的趋势，不断完善的 NFC 技术给了线下支付发展的机会，区别在于不同参与者进入市场的时机不同，诸如谷歌等先行者不见得是错的，但后来运营商开展 NFC 业务的时机更好，笔者在参加旧金山 NFC 技术论坛时就深深感受到了近年来 NFC 硬件性能的不断提升，而且支持 NFC 的硬件设备种类也在不断增加，在国内，经历过 2011 年和 2012 年运营商和银联的竞合之后，NFC 的政策和发展方向也逐渐明朗起来，特别是在 2012 年 6 月，中国移动与中国银联的强强联手，给产业链上的其他合作伙伴增添了信心，例如，三星等终端公司开始进行大量针对 NFC 性能的测试，芯片厂商恩智浦（NXP）向 NFC 中低价手机渗透，2015 年初渗透率已经超过 50%；高通也在近日宣布推出支持 NFC 的芯片。同时，中国移动和银联都有条不紊地执行着协议中的种种计划，例如，截至 2014 年第一季度，中国银联 POS 非接功能的改造终端数量已经近 300 万台；中国移动宣布每台支持 NFC 终端补贴 30 元，同时 4G 卡发行 NFC-SWP 卡；其他运营商也在发展 4G 业务的同时兼顾 NFC 功能，中国电信宣布 2014 年发行 2000 万张 NFC 卡，4G 终端标配 NFC。更关键的是，政府在政策上鼓励着 NFC 的前进，住建部、交通部大力推动全国城市一卡通互联互通发展与建设，规划建设全国性 TSM 平台，利用 NFC 技术，实现公交卡移动小额支付。2014 年 3 月 19 日，中国人民银行（简称央行）下发《中国人民银行关于手机支付业务发展的指导意见》，叫停二维码支付的同时，鼓励银行拓展 NFC 手机支付应用。所有这些利好阐释着 NFC 在中国已经来临。

显而易见，NFC 支付最大的受益者当属运营商，因为一直以来，运营商无论是之前的短信支付，还是中国运营商的翼支付、沃支付等第三方支付的账户形式，电信运营商的支付账户都没有差异化特色，而只有硬件上得天独厚的优势给了电信运营商和手机制造商机会，原因很简单，互联网企业轻资产的运营模式是绝对无法从硬件角度参与竞争的。我们也希望运营商能够在 NFC 时代来临之际抓住这个机会，迅速培养用户的使用习惯，暂时先不要考虑分成问题，时机成熟后，在上面叠加更多的应用，切实做好 NFC 卡空间运营，特别是做好生态，严格遵守与合作伙伴之间的分成比例关系，崭新的商业模式自然应运而生，就像微信的发展一样。

对线下支付，还有一个重要的商业环节参与方就是终端厂商，因为移动趋势化进程中，除了日本运营商有比较好的话语权和控制权，大部分运营商还是仅仅成为终端厂家的销售渠道，一个明显的特征就是当一款新的手机上市时，会有很多粉丝去追求，但是你很难想象，哪一家运营商会有如此大的魅力。讲到这里，自然就要说到 2014 年 9 月 10 日凌晨，iPhone 6 App 发布，从 2011 年开始就不断传言的 NFC 功能终于千呼万唤始出来，而且一出世就与全美三大卡商、六大银行宣布合作，覆盖全美 22000 家零售商。苹果 Apple Pay 基于 NFC 近场通信技术，用 Touch ID 验证用户信息、SE 芯片保证隐私，Passbook 存储银行卡等信息。Apple Watch 也将支持 NFC 功能，采用 Pin 码的认证形式。特别要说的就是苹果支付特有的基于指纹的安全系统更是在很大程度上解决了用户的安全隐患，应该说，作为一家非常有引领作用的手机制造商来讲，全面支持 NFC 及移动支付，对行业的发展非常重要。

我们说不仅仅是商业银行、电信运营商等传统企业看到线下支付在中国的巨大商机，互联网企业也深深了解中国商业市场和支付环境的特点，在互联网上支付已经取得一定市场份额之后，也开始在线下支付拓展业务。当然出于政策的原因，一直以来，互联网企业线下支付的道路并不平坦，例如，支付宝推出二维码支付，以及其与中信银行联合推出的虚拟信用卡均被央行叫停，尽管线下支付受挫，但是互联网企业可以通过自己的线上支付渠道渗透到线下受理环境中，以这种方式渗透到用户频繁的日常行为中，他们选择的业务就是在大城市中最令人苦恼的打车业务，于是嘀嘀打车和快递打车软件服务应运而生。起初，微信支付为吸引用户也做了大量的补贴，每一次支付，微信都会奖励司机和乘客各自 10 元，并且还利用微信的朋友圈渠道分享打车红包。从目前的应用情况看，用户从打开客户端到上出租车，整个过程只需要 26 秒钟，且整个过程都可以通过微信支付完成，到 2014 年 5 月，嘀嘀打车已经覆盖 170 多个城市，到 2014 年年底已经覆盖 600 个城市，用户数量达到 1 亿人，并且有 100 万名注册的出租车司机，日均订单量提高至 1500 万单。更关键的是，微信渠道带给嘀嘀的订单比例大概是 43%～52%之间，最高的时候达到 61%，我们可以认为微信支付实现对线下业务的有效覆盖。秉承着微信等互联网产品经典的商业模式，嘀嘀打车目前还聚焦在如何给用户提供更好的服务上，并不急于实现收入，当然嘀嘀打车也充满了自信，因为一旦打通与位置上的服务，培养出用户习惯，未来的商业模式并不复杂，目前嘀嘀打车已经和腾讯系下的大众点评网站合作，在大众点评上已经可使用嘀嘀打车进行导航，目前滴滴打车正在布局商务车市场领域，接下来就是 IPO 的进程，计划在 3～5 年后进行首次公开发行（IPO），这个打车应用正在展开竞争，期望成为中国最大的打车服务提供商。

第三方支付将在生态圈中竞争合作

第三方支付的网络生态空间

在前面多次提及，基于互联网的金融业务始终强调生态圈的协调与维系，在第三方支付领域尤其如此，从本质上说，第三方支付是一个很大的生态圈，在这个圈子里，既有上游的商业银行、第三方支付公司，又有下游的商户和消费者，相互依存，相依为伴，共同成长。

从图 2-3 中可以看到，第三方支付产业链主要包括商户、消费者、商业银行以及第三方支付企业等多方面，各方都有自身的需求和利益的考虑，扮演着不同的角色，同时，政府和监管机构通过政策手段，维护着生态链的稳定，保证整个产业的延续和发展。主要的服务商就是位于中间位置的第三方支付公司、电信运营商和商业银行，不同的业务特点决定了他们的账户具有不同的属性，也有不同的发展模式和商业模式，但是作为账户，又有很多相似之处，甚至是本质上的相同。

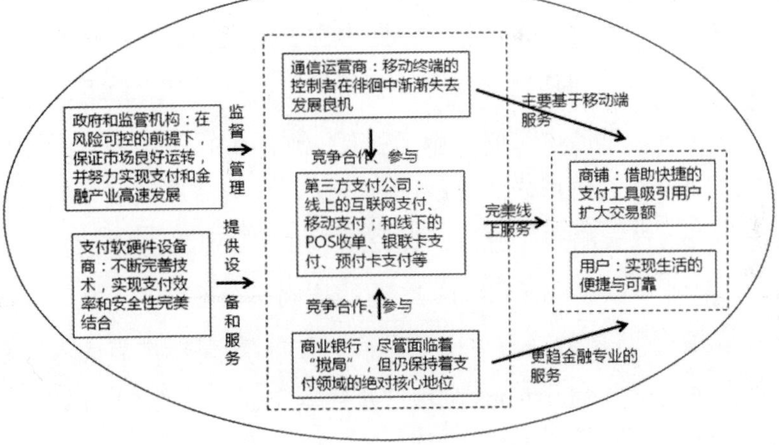

图 2-3　第三方支付系统生态圈

我们从账户属性的角度看，互联网第三方企业撬动支付行业采取的每一个战术都有强烈的互联网味道，也许从 2003 年淘宝开始攻击 eBay 开始，免费就注定成为互联网支付竞争中最基本的武器，当然一贯的免费政策也导致互联网企业的支付环节始终未能实现自负盈亏，需要主营业务的不断输血，但从另一个侧面看，也倒逼其支付及其延伸服务创新的动力提升，不断寻求新的创新元素。同时，第三方支付企业的账户有比较强的社交属性，腾讯公司的微信支付就是建立在强耦合的社交关系框架下的支付系统，其所有的功能都限定在朋友圈范围内，无论是年轻人茶余饭后的 AA 付款，还是风靡一时的微信红包。

移动运营商的账户是一个由 11 个数字构成的通信账户，这个号码本质上具有超强的用户黏性，在移动通信时代，移动通话、移动社交和移动商务都是基于这个账户进行的，再深挖一步，用户通过不同的方式向此账户缴纳电话费，所以从本质上讲，通信账户本身就固有金融属性，加上通信运营商的大量基站为账户提供的位置属性，可以说，在移动支付时代，电信运营商的账户会发挥很大的作用。尽管一直以来，运营商由于种种原因忽视了这个账户的金融属性，但伴随着支付行为越来越被用户所接受，运营商也会充分利用好这一属性。无论是中国三大运营商纷纷成立各自的第三方业务公司，还是国外运营商合作创新支付业务，都已经看到了运营商在行动中。同时，电信运营商的账户拥有很强的位置属性，众多密集的基站能够实时掌控着通信用户的位置信息，这些位置信息经过大数据技术分析处理能够带来巨大的商业价值，2012 年 10 月，西班牙电信在英国推出第一款产品智能步骤（Smart Steps），监控访问一个区域的人数，并按照时间、性别和年龄来分离数据可视化呈现某一时间点、某一地点的人口密度，英国第四大连锁超市 Morrisons 利用这些数据完善自己的 CRM 系统。尽管我们没有看到很好的用于支付的案例，但是我们坚信，这种位置信息能够为运营商的账户支付业务做出贡献。同时，运营商的账户也有一个很大的弊端，由于运营商的组织机制存在严重的地域区隔限制，并没有形成统一的管理，没有做到统一账户，随着人员的流动，例如，在北京申请的通信账户一旦转到上海，就无法实现转移，而且 3 个月不使用就自动退号。另外，随着运营商产品的不断迭代，各产品之间的用户并没有形成统一的入口，有的需要邮箱，有的需要电话号码，当然随着运营商 IT 系统的不断完善，集约化后的运营商自然会在账号统一上下工夫，其实今天我们已经看到了运营商将通信账户和支付账户打通的行为，运营商寄希望于这种账户能够产生效果。

商业银行处于“金融产业链”的顶端，可以说是支付生态圈中最大的生态元素，自然依靠自身的优势广泛部署，主要是大力发展 POS 机具支付和手机银行业务。截至 2014 年第二季度，全国商业银行累计发行银行卡

45 亿张，几乎每个人的钱包里都会有很多张塑料卡片，无论去哪里消费，都已经形成了很好的用户习惯，特别是我国受理环境中的 POS 机具不仅能支持信用卡，还能支持借记卡，这就为商业银行争取第三方支付市场份额奠定了基础。同时，我国的商业银行同样存在各省分管，其网银支付不可能很好地汲取互联网集约化思维，加之在基于 PC 机上的支付已经落后，所以当移动化浪潮来临之际，索性大力发展手机支付，几年之间，几乎所有的商业银行都积极上线，用户数和收入自然也得到了双提升。2014 年 9 月，仅中国工商银行的手机银行用户就达 1.35 亿户。但对商业银行而言，支付属于其中间业务，与银行存贷的业务收益相比，其利润几乎可以忽略不计，2012 年，全国 14 家商业银行收入中，支付服务收入仅占 5%，所以一直以来，商业银行的做法仅仅限于不断完善网上银行业务，部署 POS 机具以丰富线下环境，尽管在移动趋势引领下，开始开展手机银行业务，但是在商业模式上始终没有创新，只是扩大业务种类，最主要的方式就是借助互联网渠道开展增值服务，或者继续专注于电子商务，并且在手机支付业务上大步发展。

同时我们也应该看到，三个参与方的账户尽管各有特点，但也存在着很多共同点。

首先，目标都是为了能为各自的用户带来更好的服务，从而更好地服务自己的主营业务，而支付和金融作为人们非常受用的高黏性用户行为，能够迅速起到用户拓展的作用，自然成为各行业争夺的焦点。前文中讲述的支付宝最早是源于为淘宝买卖双方提供信用保障的服务，更好的服务质量才能保证自己的平台成为用户首选的电子商务平台；运营商希望通过便捷的移动支付业务，为自己的通信用户提供更多、更好的服务，比如，使用手机乘坐公交地铁、进行小额支付等，最终成为用户通信及流量业务的首选运营商，商业银行，大量部署 POS 机具，并相继实现互联互通也是一样的道理，支付作为中间业务为抢夺用户带来更多的可能，也才能够把自己的主营业务渗透进去，其存贷业务才有发展的基石。从数据上看，目前还没有任何一方能够仅靠支付业务就形成好的模式。

其次，服务的核心都是一个账户，那么渗透到商业模式上，就是尽可能地扩大账户的规模，因为大家都知道规模效应的作用和意义，大家也就不惜为此付出高昂的成本进行补贴。互联网企业中，支付宝早年依靠阿里巴巴的输血，盛大游戏也始终在为其支付业务补贴，运营商在运营 NFC 支付的过程中，在卡空间租赁的谈判中之所以果断让步，并且愿意承担 NFC 卡片的换卡成本，主要是由于运营商深知有效粘住用户背后带来的好处，要知道，我国电信运营商移动用户的 ARPU 值高达数十元，只要用户多在网一个月，所有的成本都可以取回来。商业银行同样如此，大面积的营销扩展也是为了增加用户的规模，日后才能在存贷业务上得到更好的业绩。

产品竞争成为主题，助力提升服务

既然同处在一个生态圈里，任何一方都想占据主动，在这个领域中也就出现了或多或少的竞争，竞争的核心就是账户之争，互联网企业、运营商企业和商业银行的账户都在尽最大可能地发挥自身账户的优势和特点，特别是由于不同的行业发展状态，账户更是体现出多元化，既然属性略有不同，所以在账户争抢的过程中，也就存在不同的商业模式和策略，竞争过程中可谓软硬兼施。

支付宝等第三方支付企业更多地选择软件方式，不断增加各种插件，不断丰富接口。截至 2014 年 9 月，支付宝接入点银行已经涵盖 200 多家，其发展的网关支付也涵盖跨境支付，支付宝手机客户端也已经上线。同样，最新上线的微信 6.0 版本正式整合手机钱包，包括手机转账、嘀嘀打车、话费充值在内的所有应用整合到一起，安卓市场、苹果商店中各种互联网支付应用不胜枚举。但是，对掌控着硬件终端的运营商而言，选择从硬件角度入手也就顺理成章，电信运营商更加致力于硬件技术上的研究，并愿意承担所有硬件系统的更新费用，主要还是由于运营商在这方面几乎可以说是独领风骚，甚至可以说所有与硬件相关的方案和产品都是运营商所喜欢和青睐的。因为运营商希望手机成为未来支付的主体，更贴切地说，就是把钱包装到手机中，日本运营商甚至希望能做到手机成为今后人们日常生活的小助手。同样，终端厂商肯定也是硬件主导支付的主要倡导者。当然也不乏“软硬兼施”的，比如，商业银行在软件领域不断迭代新功能，不断丰富自己的手机客户端功能，同时也愿意通过微信公众号为用户提供服务。2014 年上半年，中国工商银行微信银行业务处理量首次超过短信银行，为短信业务处理量的 3 倍。另外，从硬件角度讲，商业银行也在积极发展自己的塑料卡片用户，并且在这方面不断融合，例如，中国银行就和携程等旅行社合作推广联名卡。可见，对商业银行而言，无论什么技术手段，只要能够帮其发展用户，它都会积极拥抱。

前面多次提到了用户规模的重要性，各方都是为了抢夺接入用户的入口，对所有的行业来说，账户都是一样的，因为账户本身对应着人的属性，账户也是资源配置的重要媒介。

对金融业务来说，账户就是生命，所以在互联网浪潮的冲击下，账户之争更激烈，将成为未来金融业务的核心抢占点，一方面是本身的金融服务，另一方面是以支付为核心的多元化服务。银行账户、运营商账户以及第三方支付账户都在争夺主动权。不同的属性、不同的特点、不同的技术手段造就了它们在生态圈中各自的位置，必然也就产生了激烈的竞争冲突，这种竞争表面是账户之争、渠道之争，背后实际上是互联网思维和传统商业思维的碰撞，正是因为相互之间的竞争，才促进各方不断完善自身业务，产业不断发展。

竞争的核心也是最根本的冲突一定是账户抢夺，尤其以第三方支付与商业银行之间的竞争最激烈，因此，他们之间产生了直接的正面交锋。在用户使用第三方交易平台进行交易时，首先把资金存入第三方账户内，这就构成了一种结算业务，这样肯定对商业银行的账户产生冲击，随即双方便在重叠的业务领域开始了激烈的竞争，问题主要出现在两方面，一是收费问题，正如上文中说到的，国内的第三方支付服务在市场发展初期，基本上都采用了免费的策略，时间一长，这种第三方支付机构直接以低费率提供与银行相同或相近的结算、代理收付等服务，就明显挤占了银行的中间业务，尤其是诸如支付宝已经实现了 200 多家银行的对接，与各大银行之间可以自由跨行转账，这与商业银行之间传统的跨行转账也是一种冲突，而且手续费还更低。毫不夸张地描述，支付宝本质上就已经是一个银联，等待的就是政策的放松。其次，账户之争背后就是客户群的争夺，因为支付账户背后还关联着理财账户以及用户背后的投资、购物等一系列不经意的行为，当然，也关联着用户收付款管理、转账汇款、网上缴费、信用卡，这样导致商业银行的网银业务用户逐渐分流，同时，一旦这种用户的掠夺从 C 端蔓延到 B 端，必然导致第三方支付企业逐渐成为金融服务的主角。因为互联网应用已经深深地改变和影响着我们每一个人，同时我们既是公共服务市场的用户，又是企业的员工，那么我们在公众市场上的感染必然影响我们对互联网企业应用的期待，所以互联网化的支付和金融服务从公众切入到企业也就成为必然。其实说到底，最核心的问题就是沉淀资金的处理和利益分配问题，因为目前渠道造成的影响已经凸显，第三方支付机构在开展自身业务过程中吸收客户资金，客户暂未投入使用的资金自然就会沉淀下来，无形中就已经构成了吸储的行为。同时，电子商务产业链中物流环节的时延导致货物在送抵过程中的资金也会沉淀下来，尤其是随着第三方行业日渐兴盛、资金沉淀量越发巨大，本来应该属于银行的收入，已经成为第三方支付公司独享的利益。以支付宝为例，2014 财年支付宝的总支付金额达到 38720 亿元人民币，其中，日均支付量达 106 亿元，按照 10 天的客户资金滞留期来计算，即使这部分资金全部应用在活期储蓄中，一年的利息也已经达到数千万元，况且支付宝怎么可能仅仅把这笔钱放在活期账户中呢？再加上沉淀资金和余额宝的效应，我们可想而知，这样的数字和效果，商业银行不可能视而不见。其实这种竞争背后存在一种体制机制的问题，我国的商业银行是多级管理，管控事务放在总行，具体的业务洽谈放在分行进行，考核机制导致各分行之间存在比较强的竞争关系，互联网公司正是抓住了这个问题针对省级分行逐个攻破。在起初的谈判中，支付宝提出自己的账户和某银行省行对接，并且提出非常有诱惑力的分成比例，且承诺将一部分备付金存入省行。对银行省级分行而言，当交易量做大的时候，这也是一笔不小的中间业务收入，况且仅仅需要提供几个 IT 接口，并没有多大的成本，何乐而不为？于是支付宝逐个攻破，最后的结果就是商业银行各省分行全面沦陷，目前支付宝付给某商业银行一个省的服务费降到几百万元包年。同样的故事今天还在发生，互联网公司与电信运营商针对 IDC 机房谈判过程中也有类似的情况发生。

当运营商加入到第三方支付业务产业链时，最后的焦点还是落到账户上，渠道之间都可以合作，但是只要存在账户的争抢，就会存在严重的冲突，从而带来诸多不顺。比如，在运营商提供支付渠道时，商业银行就很配合，也愿意把自己的账户放在手机 SIM 卡的空间，甚至也愿意为此支付一定的租赁费用，但是一旦运营商希望把自己的支付账户也并列放入的时候，必然会让商业银行产生恐惧，即使运营商账户的规模很小，毕竟谁也不想自己仅仅只是一个招牌，最终被替代。但说实话，支付账户对运营商来说，确实又是非常必要的，因为它毕竟是增强用户黏性的非常好的方式，所以这里其实还是有点矛盾的，这也是双方在合作过程中的一个困难。所以，合作过程中最关键的就是运营商要处理好自有账户和商业银行介质商户之间的关系。

除了上面描述的各行业之间的竞争，还存在着行业内部的比拼，行业内部的竞争在某种程度上其实更激烈，也更有意思。同业之间的竞争主要还是寄希望于通过支付业务增加自己在业内的竞争力，至少不被落下，对第三方支付企业来说，甚至出现了相互之间封杀账户的现象，再以电信运营商为例，当一家运营商拥有手机支付功能的时候，能用手机刷公交，那么其他运营商也必须马上添加，否则用户就会流失，就像第四代移动通信业务一样，当中国移动上马之后，另外两家运营商马上跟进。在支付领域也一样，2012 年中国移动和银联签署协议之后，中国联通和中国电信迅速启动了与商业银行相关业务的洽谈，2013 年 11 月，中国电信与 11 家银行签署备忘录。对商业银行就更是一样，各家均在抢夺用户上下足工夫，有的银行竞相推出手机支付业务，或者纷纷和商户合作开展信用卡优惠活动，以吸引用户。这种同业之间的竞争在终端厂商之间同样如此，苹果之所以在 2014 年推出 Apple Pay，在很大程度上也是为了应对三星近期推出的众多款支持 NFC 功能的手机，同时，新型的华为 Ascend Mate7 上指纹支付方案就是基于 ARM 的 trustzone+指纹识别技术，该技术在一个智能手机芯片里都有 TrustZone 专区与苹果 Apple Pay 类似，而且 Trustzone 还可以存放用户银行卡和支付信息。

其实，所有的竞争都是为了更好地服务于客户，完善产业链的组成，最终给产业链和用户带来好处。当然，我们希望看到竞争，因为竞争促进了金融门槛的降低，提升了服务的质量，这也是消费者希望看到的。第三方支付企业利用互联网技术，为降低金融业门槛提供了技术支撑，互联网技术因素使得电子支付的技术能力增强，同时降低了运营成本，这样就在根本上支撑了最少仅为一元的微支付，这对于扩大业务量起到了非常大的作用，可以说有效地弥补了商业银行支付系统的空缺。我们可以看到，腾讯、盛大等公司将小额支付用于游戏、视频等互联网虚拟产品的购买；电信运营商和商业银行开发小额支付。在欧洲，法国电信 Orange 和巴克莱合作推出最高限额为 15 英镑的小额支付。在中国，中国移动和浦发银行推出的联名卡限定为 1000 元以下的小额支付，但我们可以认为这些几乎都是商业银行大额支付尚未覆盖到的区域，其实早期游戏厂商的游戏点卡和运营商之前的 2 元手机铃声下载都是依靠自己的支付渠道和系统。从服务提升角度看，互联网第三方支付企业的一步步渗透确实让商业银行越来越有意识地提升自己的服务质量。例如，商业银行的电子银行业务在最近一两年就发生了很大变化，最大的表现就是商业银行的电子银行越来越从中后端向前端转移。具体地讲，就是把网络银行的一些操作释放出来，不再强制要求用户在银行电商网站上购买商品以及在电子银行界面购买理财产品时进入后端。另外，我们可以看到，商业银行中电子银行业务的发展、手机银行客户端的迭代均在提速。这对商业银行积极发展自己的移动手机业务既是应对互联网第三方企业的竞争，也是自身服务方式的完善以及服务质量的提升。

网络时代的生存之道，在合作中实现创新发展

“跨界交叉和融合延展”对创新的作用源远流长。在北京西郊的海淀区有一家名叫“车库咖啡”的地方，那里聚集了大量创业者，创新的思维会在那里迸发出火光。正如咖啡馆能产生思维碰撞，不同背景的人们在此进行思想交叉融合，进而创造出崭新的应用一样，人类创新的所有行为都有一个很重要的共同点，就是让很多看似不相干的事物间产生“交集（intersection）”，电子金融走的也是这样一条创新之路。

金融企业的产品创新应充分运用这一思路，通过跨行业交叉延展和业务技术融合不断地尝试和推出创新。正所谓合作是永恒的主题，尽管在行

业间以及内部都存在着激烈的竞争，但是人们还是坚信，合作是永恒的主题，因为只有合作，各方才能发挥出各自的优势，专注于自己的核心业务，比如，POS 机就交给专门的设备商去做，账户应归属银行，手机提供一个硬件渠道，银联有一个自己的清算系统，甚至有一种“商业银行是动脉，第三方支付是毛细血管”的说法。

- 行业之间的合作

第一，就是产业链各方在不同的环节发挥各自的优势，形成合力。比如，商业银行和第三方支付企业就可以在营销和信用领域进行广泛的合作。在合作营销方面，过去大型商业银行与第三方支付企业合作更多地采用服务外包形式，从而降低创新产品的投资风险和成本。未来合作点可能就会转移到大型商业银行透过第三方支付企业逐渐实现服务下沉。对中小银行而言，双方之间的合作就更有意义，可以达到客户网络、技术创新能力和资金池等多方面的互补。在信用合作领域，第三方支付企业长期积累下来的即期、跨期交易数据，可以为企业用户、个人用户，甚至是商业银行等金融机构提供较好的信用数据增值服务。尤其是在当前我国信用体系尚未完善的时代背景下，第三方支付企业的数据在很大程度上完善了银行信用评价数据库，能够成为中小微企业贷款和中低收入消费信贷服务的有力支撑。

第二，多方的合作将有效地促成 O2O 等崭新增值业务的出现。今天，腾讯的微信平台已经可以支持优惠券、会员卡，乃至团购业务等虚拟商品的交易。但是对支付业务来讲，一个足够坚实、具有比较优势的支付场景才是王道，并且这个场景并不局限于消费，也可以包括有广阔交易场景的投资。在购物环境、支付场景方面不具备优势的微信选择与实体零售厂商合作，首批接入微信支付的实体零售店包括王府井百货大楼、长安商场、东安商场、双安商场、大兴王府井百货和赛特等六家百货，并且王府井后续在全国各地的门店都将全面接入微信支付，从当今收银台扫描二维码付款，升级成顾客在货品柜台就能直接付款。用户逛王府井就不用再带钱包了，在结账的时候可以直接选择用微信扫描收银台屏幕上的二维码，或者是打印出来的二维码小票，进行微信支付。用户在王府井通过微信支付购物会自动关注王府井百货集团的公众账号，后期完全可以通过公众账号发送红包、优惠券等促销手段，甚至可以同用户的微信 ID 进行绑定，直接就是一个 CRM 管理系统。基于这样的合作，微信支付不是一个纯粹的支付工具，它俨然成为整合了微信开放能力的一整套商业解决方案，是一种帮助传统商户更有效地触达用户和提供服务的平台。微信在开放支付接口申请的时候，就提到过除微信支付接口外，微信还为商家服务号提供了一套完整的移动购物解决方案。以微信支付为核心功能，微信官方提供了用户身份识别、微信地址共享、支付结算、客户关系维护、售后维权、交易统计的整套移动购物解决方案。

第三，在所有良性发展的合作案例中，参与方都具有非常清晰的规则，这对保持长期、健康的合作关系非常重要，上文中多次提到日本运营商的 i-mode 模式取得成功的关键是日本运营商坚守着始终不变的分成比例，借此很好地维护生态系统中众多合作伙伴的利益，即使其支付业务的交易量再大，运营商也永远不涉及账户的运营，并且与其他合作伙伴的分成比例也始终如一。

不仅仅是日本，饱含着“个人英雄主义”思想的美国企业在做支付业务时同样选择合作。2014 年，苹果公司推出手机支付业务功能。在此之前，许多分析人士纷纷希望苹果进军这一产业能够一举打破包括美国运通、万事达和 VISA 这三家信用卡巨头的垄断地位。但事实上，苹果并没有采用这样一个颠覆传统巨头的方法，而是选择同他们展开合作。除上述三家金融巨头外，苹果还同美国银行、美国第一资本投资国际集团（Capital One

Financial)、摩根大通、花旗集团和富国银行这五家全美主要发卡行建立了合作关系，这些银行、金融机构的信用卡交易额占据了全美83%的份额。同时，这一合作方式的建立还预示着他们同Apple Pay服务并没有处在竞争关系的明确信号。为什么在移动市场占有有利市场地位的苹果公司不选择单干，并仿照PayPal创造一个自己的支付平台呢？要知道，目前的苹果公司坐拥1645亿美元现金流，该公司完全有足够的财力和资本打造自己的移动支付网络和平台。对此，我们相信一个较合理的理由是苹果公司清楚地知道消费者接受移动支付将是一个较漫长的过程。根据美国联邦储备委员会（the Federal Reserve）在2014年3月发布的报告显示，只有17%的移动手机用户表示自己曾在过去12个月内使用过移动支付功能，而这一比例仅比2012年提高了2%。就现阶段而言，一款具备移动支付功能的iPhone会是一个比较讨好的设计，但该功能恐怕还很难成为苹果公司的主要卖点。而尽管目前外界对Apple Pay的期望很高，但苹果公司或许仅仅将其视作一个将潜在竞争对手排除在外的有利武器而已，也是遵守市场规则的体现。

与上述合作共赢形成鲜明对比的就是，我国的企业则不然，在包括电子支付在内的各行业之间一直秉承着斗争的精神，其中那些年始终进行的中国移动和中国银联的商战就是最好的证明，2009年，在中国银联推出了国际市场上通用的13.56MHz移动支付标准后，中国移动自主研发了2.4GHz技术标准。在标准的争夺中，中国移动和银联各有优势，也各有难题。起初，中国移动对争夺移动支付标准踌躇满志，其提出的2.4GHz标准独树一帜，更是中国主导的技术标准，但难点是已存在的金融基础设施并不支持，中国移动标准需要大量地改造现有的机具设备。而银联也拉上了不少“盟友”，特别是在中国移动入股浦发之后，中国银联也加快了对移动支付的布局，在自身周围迅速聚集了包括银行、中国电信和中国联通等运营商在内的众多“拥护者”。双方的争夺一直持续到2012年6月。最终，中国银联凭借着产业链优势取得胜利。

- 行业内部的合作

一般来讲，大家都认为合作存在于行业之间，其实行业内部在竞争的同时也存在着广泛的合作空间，这样的合作一方面是出于在产业链中扩大自己的声音，同时也避免互相残杀导致的两败俱伤。总之，只要是对整个行业发展有利的合作都应该得到鼓励。我们仍然以运营商为例进行说明，众所周知，运营商在传统业务领域的拼杀可谓激烈，无论美国 1 号公路上相隔不远的各家运营商的广告，还是日本运营商，抑或是中国运营商疯狂的校园营销的场面都能看到。但是，在移动支付等增值业务领域完全可以充分合作。前面提到的美国三大运营商在 2011 年成立的合资公司 ISIS 就是一个典型的例子。三大运营商出资成立一家合资公司单独运营，完全成为一家聚焦在移动支付领域的公司。这样的方式避免了其增值业务和自身主营通信业务发生矛盾的可能，要知道，很多运营商在整个产业链中的多个位置发挥作用，本身相互竞争的位置使得业务发展起来非常尴尬。其次，运营商行业内部达成一致，对其在整个移动支付产业链中增加话语权非常有帮助，因为毕竟运营商进入了一个未知的领域，携起手来扩大行业声音非常有帮助。就像 ISIS 在成立不久就迅速和万事达、VISA 达成合作意向，并迅速在城市主要的便利店开展业务。反观中国运营商，习惯了疯狂竞争争抢用户的营销习惯，在移动支付这个谁也不占据优势的领域，仍然激烈角逐，最终被竞争对手各个击破。最后，充分合作对主营业务也有很大的帮助，因为运营商发展移动支付业务的初衷并不是说要赚取多少交易手续费，而是希望借此能够培养用户使用手机进行支付的习惯，将用户支付和金融这个常规的用户行为与自己的业务绑定起来，一旦用户形成这个习惯，对今后在手机终端上叠加更多、更好的业务都有很大的帮助。即使从目前来看，对电信运营商应对互联网企业 OTT 威胁也有巨大的推动作用。成功的例子绝不仅仅在美国，欧洲市场的运营商合作搭建支付平台也是一样，目的在于迅速培养起用户的使用习惯，避免不必要的浪费。

目睹支付生态圈中各种形式的合作，不禁让我们想起生物世界里的自然演进。“优异基因跨界组合”对物种进化和金融创新进程至关重要。合作代表优质基因的结合，各方之间的合作都像是一种优质基因的跨界组合，所以，数字化、网络化时代的金融服务也存在着“跨界组合”，还存在基因重组和基因突变。在生物界，基因重组是指控制生物体内不同性状基因的交换或重新组合，它能产生大量的变异类型；对应着互联网金融领域，它代表商业银行、互联网公司和电信运营商各自的优势和资源充分发挥，相互交融；在生物界，基因突变是指 DNA 分子发生碱基对的替换、增添和缺失而引起的基因结构的改变，它能导致遗传信息的改变。回到电子金融领域，所有的参与者在努力的过程中也许真的会摒弃自己不好的那一面，在前进的过程中不断优化，所有的进化都是自然选择组合的扩展。

金融服务实现跨界交叉和延展，金融服务企业与电子商务平台、其他垂直电商以及社交网络合作，扩宽产品服务渠道的案例大量发生。例如，巴克莱银行推出了一种灵活的在线金融服务产品，消费者可使用该产品为其网购进行即时支付，且可随时查看分期付款期数、付款金额，并非常方便地做出相应的选择和决策。中国建设银行一些境内分行围绕产业链和资金流，推出一系列与学校、医院、工商局、交通局 ETC、专业市场发展服务中心等机构信息系统对接的金融服务；新西兰的 Kiwi Bank 与房屋出售中介公司合作推出一种住房综合金融服务 Home Hunter，根据客户输入的预算自动搜索价格相符的房源，预估所需住房贷款，并在 10 分钟内完成贷款预审批。英国信用卡公司 BARCLAYCARD 与专注于某一领域的专业机构（住房、装修等）合作，推出一种线上金融服务，提供配套住房装修指导和控制预算服务。KLM 公司根据其乘客的 Facebook 和 Linkedin 信息，为客户提供飞机座位预订服务，受到这个经验的启发，美国犹他州银行（BANK of UTAH）将银行产品专家档案信息发送给客户，方便选择其最喜欢的专家为其服务。花旗银行为投资者提供网上风险评估平台，引入市场基础设施投资热图（风险地图），方便客户快速轻松地评估基础设施风险。

P2P 网络融资，信贷领域新的一缕阳光

前面介绍了互联网企业秉承积极开放的心态，以自身电子商务平台为起点介入支付领域，深耕细作，不断积累，借此积累了大量黏性极强的客户，以及客户在交易过程中沉淀的结算资金，随后逐步向融资领域、财富管理和综合金融服务领域渗透，最终打开了通向财富管理的大门，例如，美国 Paypal 提供包括延期付款、买方信贷、信用卡、货币市场基金等在内的一系列金融产品与服务，一步步地拓展业务，最终形成对商业银行支付系统的强烈挑战。

从另一个角度看，支付仅仅是金融服务整体中的一个环节，金融服务和金融体系的核心是做好储蓄者和借款人之间的匹配，互联网公司唯有做好资金供需双方的匹配，平衡好风险和收益，才能说渗透或者侵入金融行业。经济社会的发展最必要的就是资金需求，特别是随着经济及贸易的发展，越来越多的企业和个人在资金上捉襟见肘，争取资金需求。2008 年经济危机的出现，个人和企业资金短缺的现象更为凸显，我们看到的是商业银行缩紧银根，大量企业倒闭，可见问题之严重。

为了解燃眉之急，大量企业和个人寻求地下钱庄私人借贷的帮助。而此时，无论是在大洋彼岸的美国，还是在新兴发展中的中国，一种叫作 P2P（Peer to Peer）的业务逐渐发展起来。互联网企业利用自己的交易平台迎合部分借贷双方的需求，一个个 P2P 公司逐渐兴盛和发展，业务结构不断完善，甚至不断有机构投资者介入，当然，不同的商业环境中的商业模式也

会有所不同，同时也有风险应对等诸多让人担忧的问题，但无论如何，作为一股新兴的融资力量，P2P 业务既满足了众多用户的需求，也在很大程度上促进了商业融资环境的改善。

考量全局，我们认为 P2P 网络贷款能快速发展的主要原因有以下三点。

一是服务的领域属于民间借贷，在很大程度满足了中小企业发展以及个人消费的实际需求，而这一块业务正是商业银行“顾及不到”的，传统银行由于追求规模经济性，总是将有限的资源集中在对利润贡献最大的客户群体和业务领域，即大企业、大客户和中高端零售客户，也就是销量品类平面图中销售曲线的头部。而对向小微企业贷款、小额理财、P2P、个人借贷担保等“尾部”业务，银行或者无暇顾及，或者由于成本、风险与收益不匹配，或者认为这块业务并不是最赚钱的而不愿涉足，这就为互联网金融企业提供了市场空间。可以说，互联网金融是顺应市场需求的结果，只不过这些需求在传统银行业看来属于小众市场。

二是 P2P 借贷平台的贷款利率很高，行业内的年化利率一般在 15%以上，有的甚至高达 20%，远远超越正规金融机构的利率水平，具有很大的诱惑力，无论何种形式，何种运作方式，商业的本质永远是利益，所以总会有愿意承担此风险的人加入到这种高风险的交易中来，且 P2P 平台的投资原则是“小额分散”，投资者参与的门槛很低，故参与者甚多。但高收益就意味着高风险，特别是在安全性问题上，互联网公司只要做到不违法就可以，而商业银行就必须达到合规，“一米”的距离，但实际业务运作起来会有天壤之别。

三是有信息手段的支持，平台运营的成本较低，增加透明度，并且互联网的存在打破了传统功能网站分块化的形式，转为面向客户的平台融合。正如谷歌收购 Lending Club 时 Laplanche 先生所说，科技对于借贷行业可以降低成本及提高透明度发挥巨大的作用，而互联网正在重新塑造金融系统，并且深刻地改变人们考虑信贷和投资的方式。

用发展的眼光看 P2P 一路走来

从发展的角度看，P2P 的发展要追溯到 2005 年的英国，一个叫作 Zopa 的公司作为 P2P 模式的鼻祖，主要面向社区群体提供小额贷款服务，在英国运营取得成功后，目前已经在美国、日本和意大利推广，它曾宣称“摒弃银行，每个人都有更好的交易”的理念。从具体的流程来看，借款人首先要在网站上发布信息完整的贷款需求信息，包括金额、利率、期限等，投资人在网站上浏览，自行选择借款人，然后以 10 英镑为单位进行投资，最后达成交易，当然，如果借款人发布的贷款利率过低，则可能借不到钱。Zopa 的业务特点之一就是其深度参与到整个借款过程中，为此，Zopa 特别设立信用评级机制，用于审查借款人的资质，首先根据借款人的个人信用记录将其信用等级分为 A*、A、B 和 C 四个等级，评级较高者意味着违约风险小，也就是说，能以较低的利率借到钱，如果借款人的情况过于糟糕，甚至在这四类评级之外，则只能被网站拒之门外。这样信用评级就对借款人形成了约束，信用评级还能帮助投资人根据自身的风险偏好做出投资决定。可以说，Zopa 的信用评级的思想成为日后所有 P2P 企业的核心运作基础。同时，Zopa 为了进一步控制坏账率，还通过制度设计来监督交易达成之后的环节、保证借款人还款、降低投资人的风险，其具体的措施包括以下四点：

- 强制借款人按月分期偿还贷款。
- 借款人必须签署具有法律效力的合同。
- 强制投资人进行分散投资，Zopa 的所有投资都是以 10 英镑为单位进行的，它规定给一个借款人投资的额度最多只能是 10 英镑。
- 在发生坏账之后，该网站负责雇佣第三方公司进行坏账跟踪和追讨。

从上面的内容可以看出，Zopa 最大的特色就在于其上述风险控制的制度设计和完善的服务，对投资人利益保障较高。Zopa 在整个交易过程中的服务包括：信息发布对接、相关法律文件准备、对借款人进行信用认证、坏账发生时雇佣代理机构为投资人追讨欠账等，以上一系列防止坏账的举措为今后 P2P 业务在全球的发展起到了奠定者的作用，无论是美国的 Lending club 还是中国的 P2P 公司，或多或少都受到了 Zopa 模式的启迪。汲取了互联网所有基因的 P2P 一旦撒下种子，便会在世界各地生根发芽，正如前文中所述，2007 年开始，美国的 prosper 和 Lending Club，以及中国的拍拍贷、宜信等纷纷成立，各家公司在秉承着 P2P 业务本质的同时，也纷纷进行业务模式的创新，其中发展最好的当属美国的 Lending Club。

从业绩上看，从 2007 年开始，截至 2014 年 3 月 31 日，经过 7 年的发展，Lending Club 已经促成交易笔数达到 29.7 万笔，累计金额达到 40.34 亿美元，毫无疑问地成为全球交易量最大的 P2P 借贷平台。图 2-4 展示了 Lending Club 从最初的第一单到超过 10 亿美元的发展历程和增长过程。可以预见，未来 Lending Club 的交易笔数和金额仍会保持一种较快的增长态势。

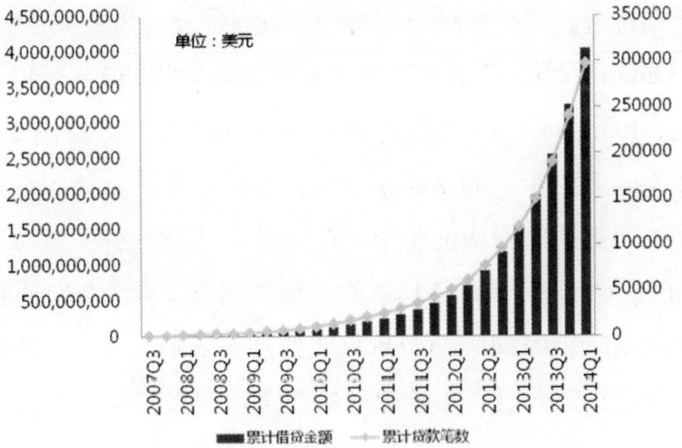

图 2-4 Lending Club 累计实现交易情况

就像大多数互联网公司成立都是一种偶然一样，Lending Club 的出现源自其 CEO Laplanche 一次不愉快的信用卡经历，当初创业成立 Matchpoint 时，使用信用卡维持公司的日常运营，人生中唯一一次信用卡负债的经历让他意识到刷信用卡非常昂贵，而当时他如果向朋友借钱都比信用卡公司优惠很多，所以希望能够做一个模型来提高融资效率的想法应运而生，同时它还意识到一个严重的问题，就是信用卡公司并不基于风险定价，他们对所有的客户均收取同样的利率（直到今天仍然是这样），如果能把信用度前 10%、前 30%的客户区分来看，就可以给他们较低的贷款利率，一次次的研究和整合，最终，2007 年 5 月，Lending Club 成立了，不仅仅商业模式与当时如日中天的 propesr 不同，就连崭露头角的方式也非常特殊，Lending Club 选择的方式是登录 Facebook，“P2P 借贷在社交网络中能够更快、更广地发展，Facebook 有 2400 万名用户，通过社交图谱和人际网络交流分享信息，这是一个理想的发布平台”，其实 Lending Club 选择社交平台最大的原因就是 P2P 借贷需要信任，而社交网络中的好友之间具有强烈的信任度，因此，在关联度较高的社交网络能够实现更完美的关系追踪，交易量也就增长得更快。平台为投资人提供自动投资组合工具，当然，投资者也可以手动挑选，即单独投资在每个贷款上，最少投资额 25 美元。对于借款逾期，Lending Club 承诺会尽最大可能协助催收，但不承担相关风险。对于借款人，Lending Club 贷款的额度最低 1000 美元，最高 2.5 万美元，平均的贷款年限为三年。网站制定固定的贷款利率，借款人在进行贷款交易前必须经过严格的信用认证和 A～G 分级，不同的分级对应不同的利率水平。Lending Club 不采取竞标方式，而是根据不同的借款人的信用等级有不同的固定利率。Lending Club 模式的特点就是划分了信用等级，并将它和利率完全挂钩，同时还与社交网站合作。

接下来我们从定量的角度，以季度为单位，简要分析每一个季度的运行情况，如图 2-5 所示。从图中可看出，绝对交易笔数和交易金额均呈上升趋势，在 2014 年第一季度，交易笔数是 56557，交易金额为 7.91 亿美元。从 2009 年至今的连续性数据来看，交易笔数和交易金额的绝对数量和金额都是正相关的，可见每笔交易的数额相对稳定，整个平台已经进入了一个相对稳定的运行状态。从图中还可以看到，2009 年到 2010 年年初，平台交易明显更活跃，交易笔数和交易金额增速均较高，当时正值金融危机爆发阶段，在大量的金融机构出现动荡的时代背景下，P2P 的活跃在很大程度上缓解了小企业主的资金需求。

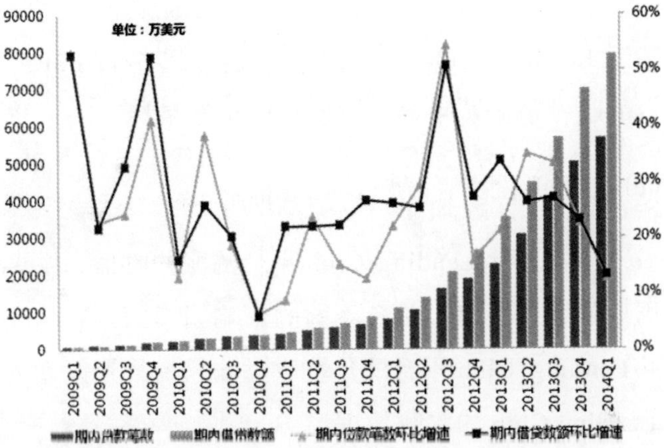

图 2-5　Lending Club 运营期内运行效果分析

从借贷用途来看，再融资交易笔数为 500149，占比达到 61.38%，信用卡偿还笔数为 189885，占比位为 22.33%，这也构成了 P2P 平台的两个最主要的目的，如图 2-6 所示。从英国 P2P 平台 Zopa 的运营数据可以看出，Zopa 用户最主要的三个借贷用途分别是购买汽车、偿还信用卡以及家庭装修，可见 P2P 的定位就是满足人们日常生活中小额贷款方面的需求。

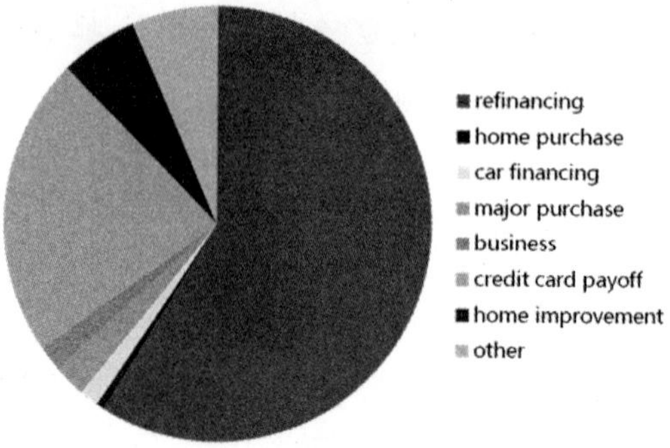

图 2-6　Lending Club 运营期融资需求分析

接下来基于 Lending Club 的实际数据，进一步分析 P2P 平台的主要核心因素，平台的收益是借贷平台最重要的一个衡量标准。

（1）Lending Club 投资者账户表现

下面从多个角度分析 Lending Club 平台的账户收益，主要研究账户收益随着投资周期的变化规律，以及不同的影响因素如何影响收益的波动。图 2-7 展示了 Lending Club 平台的年均收益与投资周期之间的关系，所有的数据均为 Lending Club 的实时数据。

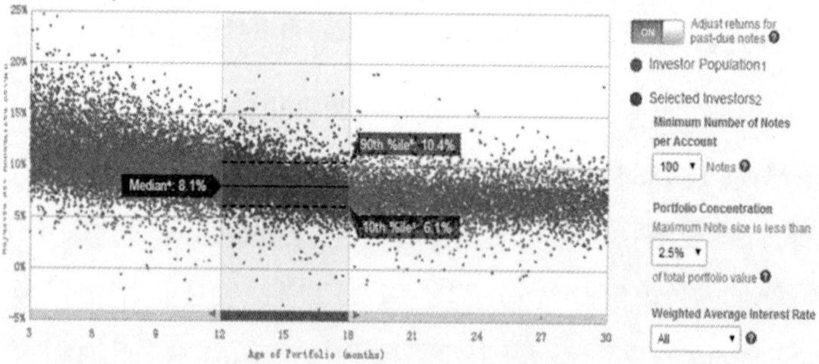

图 2-7　Lending Club 平台年均收益与投资周期间关系

从图 2-7 中可以看到，从整体趋势上看，随着投资周期的增加，投资者的年均收益是下降的，这主要是由于随着时间的增长，一些贷款过期或者账户被注销引起的。同时需要说明的是，在图中的“age of portfolio”是指投资组合中标的周期，而不是平台中账户的周期。同时，图标有三个可调节因素，它们在不同程度上影响着投资者的年均收益。具体地讲，首先，每个账户“最小投资标的数量”越大，意味着获取高收益的可能性越大，自然账户年均收益也是最高的；其次，从投资组合的集中度来看，当某一个投资账户最大标的数量小于 0.5%时，年均收益能够上升 0.2pp，可见分散投资可以在一定程度上规避风险，增加收益。最后，也是最敏感的因素，就是交易平台上所有交易的加权平均收益率。以投资组合时间周期在 24 ~ 30 个月为例，当加权平均收益率为 9%以下时，账户的年均收益上升至 5.6%；当加权平均收益率大于 18%时，账户的年均收益上升至 9.1%。当然，这也是顺理成章的事情，毕竟整个平台的年均收益也是由一笔笔交易组成的。

上述三个因素是影响平台年收益最主要的因素，诸如借款人的信用等级、账户的存活时间和宏观经济形势等。具体地讲，如果平台上借款人的信用等级普遍更高，那么平台整体的年收益自然也就更高一些；高收益账户的存活时间更长，低收益甚至是负收益账户的存活时间越短，收益率受其影响也会升高；最后就是宏观经济形势的影响，比如，当银行放贷紧缩或者信用卡还款利率上升，均有可能引发 P2P 贷款平台活跃度上升以及年均收益提升。

（2）Lending Club 借款人借贷行为

在 Lending Club 平台上，借款人的信用等级和借贷数量是很重要的因素，下面就分别分析一下信用等级和借款数量对投资者收益的影响。

从图 2-8 中可以看出，随着借款人信用用户等级的下降（从 A 到 G），借款利率自然不断上升，信用等级最差的用户的平均借款利率达到 25%以上。但是投资者的年收益率就不是纯线性变化趋势，从整体上看，当然还是随着借款人的信用等级下降，即借款率的上升，年均收益还是呈现上升的趋势，但是投资者投资给信用等级为 D 的借款人就比信用等级为 C 的借款人的道德年均收益小，同样的情况还发生在信用等级在 F 和 G 之间。可见，信用等级偏低的借款人发生坏账和逾期的可能性确实很大。

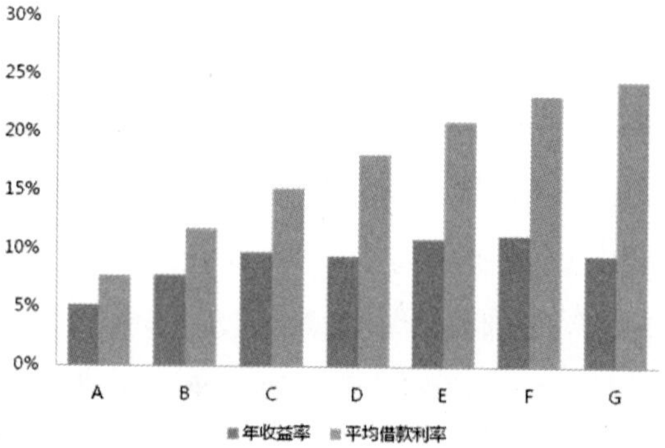

图 2-8　信用等级对于投资者收益的影响

从图 2-9 中可以看出，随着借款金额的增加，投资者的年均收益逐渐上升，当借款金额超过 3 万美元以后，年均收益可以达到 11.03%，但是借款利率并不是逐年递增的，反而是借款金额在 5 千美元到 1 万美元最低。可见，借款金额如果太小，也得不到投资者的青睐。

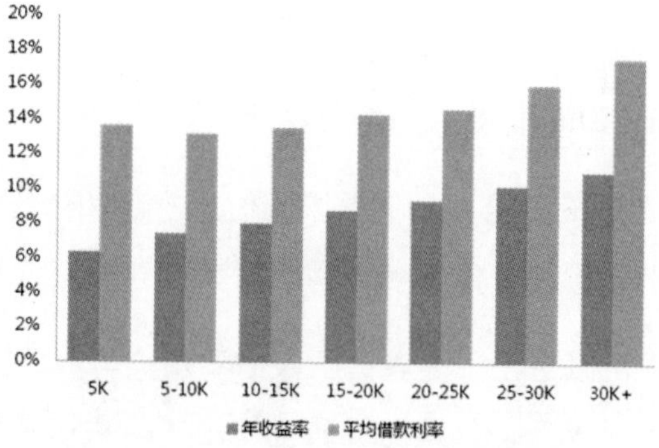

图 2-9　借款金额对于年均收益的影响

在互联网公司从事 P2P 平台业务的同时，商业银行也开始逐步推出 P2P 产品，出于不影响自身主体商业产品结构的考虑，商业银行的 P2P 平台还是以合作为主。相应的，商业银行 P2P 产品定位也是在全面服务用户上。当客户来到商业银行寻求贷款需求时，商业银行首先基于现行的评估体系尽量为其提供商业贷款服务，一旦发现此用户存在一定的风险，便将其推荐到合作的 P2P 平台上。从收益上看，即使不能赚取存贷利差，也能赚取一定的中间收入，同时客户端交易数据和用户黏性得到了最好利用和保护。

P2P 与商业银行在融资方面的关系

正如上文所述，P2P 作为一种新型的网络化借贷业务，已经在中小企业客户以及个人客户融资中发挥着越来越大的作用，这自然就会对商业银行相关业务产生一定的冲击和影响，这种冲击和影响的根源就是所谓的 P2P 业务特殊的金融中介渠道。法国经济学家瓦尔斯拉在其经典的一般均衡理论中指出，一个无摩擦的市场可以达到经济资源的最优配置，这时的交易是没有成本的，并且此时也是不存在金融中介的。由此可以看到，金融中介存在的价值在于消除信息不对称，降低金融交易的风险。相比于传统的商业银行而言，借助互联网技术和平台上可依托的资源，P2P 金融模式在很大程度上降低了交易的成本。作为互联网金融行业的典型代表，P2P 模式的发展对传统的商业银行产生了很大程度的冲击，因而传统商业银行的中介角色正面临弱化，同样，传统商业银行的收入也正在被蚕食。下面从 P2P 模式对商业银行冲击的原因和影响两方面进行分析。

P2P 模式对商业银行冲击的原因其实也就是 P2P 业务解决的问题，主要包括以下三点。

首先，小额信贷业务的出现弥补了商业银行业务的盲点。对传统的商业银行而言，由于小额信贷业务无法带来足够的利润收益，并且运营成本过高，针对个人、个体户及小微企业的小额信贷常常被忽视，导致这些客户的小额信贷需求很难得到满足。而互联网金融中 P2P 信贷业务的出现恰恰满足了这些客户的需求。目前国内发展比较成熟的 P2P 公司有拍拍贷、人人贷和宜信等，这些公司凭借先进的理念和比较成熟的商业模式瞄准这一市场，专门向那些因贫穷而无法获得传统银行贷款的创业者服务。P2P 信贷平台差异化的客户定位瞄准了传统商业银行业务领域的空白，因而帮助了这些借助互联网技术的金融中介在与传统的商业银行的较量中占据了有利地位。

其次，互联网技术打破了时空的限制，极大地削减了业务成本。传统商业银行或者传统小贷公司的盈利模式主要依靠存贷利率差来获利，这样的商业模式需要大量的业务人员，一方面来维系并拓宽存款业务和吸收社会闲散资金，另一方面来放贷并将资金引流到需要的地方。这种做法会导致耗费商业银行巨大的人员、时间以及资金方面的成本。相比而言，P2P 信贷模式借助互联网为客户提供了一个很大的平台，在这个平台上，客户可以自由地进行交易、借款和贷款，因而交易双方在信息收集、信用评估、合同签约等交易成本上可以进行很大程度的规避。此外，互联网提供的平台还帮助企业缩减了一部分推广和营销的成本开支。

最后，互联网技术的发展使 P2P 网络借贷平台在一定程度上减少了借贷交易中的信息不对称，并规避潜在的交易风险。对交易双方而言，他们可以在同一互联网平台上直接交换个人资金和信用消息等，不需要通过传统的商业银行作为中介传递信息，因而有效地降低了信息在传递过程中可能出现的误差和消耗等问题。此外，互联网公司通过建立信用系统而不再是通过抵押物的方式进行信贷，交易双方在互联网上借助搜索引擎带来的海量信息对对方进行更多的了解，可以提高交易的可信度。虽然互联网 P2P

信贷模式中不存在纸质抵押担保等文件，但是互联网交易中保留的业务痕迹和信息与传统的商业银行中上述证明文件的作用相同，可以起到降低违约风险、信用风险等潜在交易风险的作用。一位 P2P 公司的总裁曾指出，商业银行一贯以来使用抵押物作为征信基础的方式在保证安全性的同时失去了了解行业本质的机会，无论是在数据积累上还是行业认知上，几乎都为零，但互联网企业在垂直领域就有很多积累，这也为它们基于信用系统开展征信业务提供了基础。

正是基于上述原因，P2P 模式也对商业银行造成了相应的冲击和影响，主要表现在以下几个方面。

首先，商业银行的金融中介角色面临弱化。正如上述因素分析中所讲，P2P 网络借贷平台的建立一方面抓住了传统商业银行的业务空白，另一方面，又为交易双方提供了直接交易的互联网平台，因而绕开了客户对传统商业银行的必要需求，在一定程度上弱化了传统商业银行在客户办理业务中的不可替代性。P2P 在整个交易中代替银行成为中间人，主要职责包括借贷双方交易中所有有关借款事务、完成法律文件、执行借款人的信用认证、雇佣代理机构为出借人追讨欠账等。由此，P2P 的存在在一定程度上取代了银行在金融活动中担任中间人的角色，因而传统商业银行的金融中介角色正逐步被弱化。

其次，商业银行的收入来源在一定程度上受到蚕食。P2P 网络借贷的兴起为信贷开辟了新渠道，目前我国互联网金融小额信贷的发展以阿里巴巴小额信贷（简称阿里小贷）最为典型。阿里小贷的信用贷款额度为 5 万元至 100 万元之间，日利率为万分之五到万分之六之间，初步估算，年利率高达 18%，扣除网络平台收取的服务费和小贷公司收取的担保费，出借人依然可以获得至少 15%的年化收益，远远高于传统商业银行的定期存款、活期存款以及部分理财产品的收益水平。可见，客户的投资理财资金会逐渐向更有利可图的渠道转化，对银行的传统业务构成明显的威胁，而银行的收入来源也将因此在一定程度上被侵占。

最后，传统经营服务模式面临变革。以阿里小贷为例，借助淘宝、天猫以及支付宝等平台，阿里金融拥有堪比央行征信系统的数据库，将网络行为和网络信用应用到小贷中，降低了甄选客户的成本和信息不对称风险。互联网金融开放平台在更大程度上尊重了客户的体验，强调与客户的交互式营销，而运作上有互联网技术作为支撑，为客户提供更灵活的产品和服务。而相比于互联网金融的模式，传统的商业银行服务模式在一定程度上缺乏“以人为本”的贯彻和落实。商业银行互联网化进程仍需进一步加快。

中国 P2P 市场的特殊环境与产品特性

P2P 业务一旦传到中国，便迅速引出一轮风暴，特别是凭借着中国绝对规模的网民数量和消费者的需求，越来越多的人参与其中，这在前文中已经讲过。当然，当 P2P 来到中国的时候，在很多方面也开始发生变化，变化的原因在于中美两国不同的经济环境和社会现状，主要包括利率市场化、征信系统等。在美国 P2P 借贷平台的迅速扩张的背后，是政府监管、行业控制、消费文化和信用体系等多种因素的综合结果，其中一些有益的做法值得我国 P2P 行业借鉴。

首先，依托健全的社会信用体系建立风险控制和评估体系。美国信用体系经过一个多世纪的发展形成了完整的架构、完善的法律体系、健全的中介机构和有效的管理体制，这些对市场经济发展起到了重要作用。所以，基于上述背景，美国的 P2P 公司最明显的特征就是 P2P 平台只提供一个交易的平台，即只基于互联网线上的形式，主流 P2P 平台都采用较传统的风险管理和控制体系，选用的是借款人公开可用的信用数据。P2P 平台通常对贷款申请人的信用评分有最低要求，如美国市场的 Prosper 要求借款人的信用评分不低于 640 分，Lending Club 要求不低于 660 分。信用评级体系一般会参照借款人的信用积分、信用历史和贷款规模、用途等其他因素给每一笔贷款做出一个信用评级，从而帮助放款人仔细甄别每笔贷款的信用风险。

最后，美国的 P2P 平台在公平对待消费者、保护消费者权益，以及对消费者进行投资教育等方面也采取了积极的行动，有利于吸引更多的投资者。此外，一些 P2P 平台与银行合作，由银行购买线上贷款，同时向 P2P 平台共享无法达到银行借款标准的客户信息，实现互利共赢。这些方式对国内 P2P 平台的发展具有借鉴意义。

由于我国特殊的国情和时代发展背景，有以下两个特殊的现状。

第一，中国没有健全的个人信用体系，央行的确有一个记录个人信用的系统，但目前既不够完善，也不对机构用户开放，所以难以评定借款人的资质。在日本，只要用户输入自己的身份信息，就可以知道自己从金融机构得到的最大信用额度。

第二，我国现阶段社会诚信度较低，信任感低下，金钱观和消费观相对保守。所以，在信用消费、理财观念等软环境上不利于开展 P2P 业务，最主要的表现就是难以获得投资人的信赖。相应地，国内的 P2P 平台实际上承担起了一部分建立信用体系的工作，同时也为赢得投资人信任做了大量的努力，采用很多卓有成效的行动。

基于上述国情，在中国发展起来的 P2P 公司大多数都会提供担保，最明显的体现就是 P2P 网上有详细的担保细则，保证用户的损失能够尽最大可能被追回。同时，中国部分 P2P 公司还推出了高利率理财产品，目的就是为了迅速做大，在平台中集聚更多的流动资金，在必要时供错配使用，最终达到抵御风险、维护平台稳定运营的目的。所以，在某种程度上，我国的 P2P 公司实际上不能完全被称为真正意义上的 P2P。

- 线上和线下结合

由于中国并没有完善的征信系统，在中国纯粹靠线上数据核查进行系统评估确实存在很大的潜在风险，特别是很多中小企业在经营过程和未来规划发展方面都存在很多不确定性，就连商业银行的评估模型都很难把握其资金风险，追缴欠款更是难上加难，很多客户经理对该问题都是苦不堪言，作为新兴的贷款公司，自然也会遇到这样的问题。所以国内很多 P2P 公司自然也就不会学院派地分割为所谓的线上/线下模式，因为无论是客户获取还是信贷审核，在目前国内的信用环境下，线下都是不可或缺的渠道。相应地，几乎所有的 P2P 公司都配有专业的线下评估团队，多角度、多维度进行评估，最典型的当属宜信，宜信公司的线上平台主要作为推广的平台和营销渠道，信用审核全部在线下进行。实践证明，国内线下的审核数据更有效，线上所得数据仅能作为一种增信的手段。宜信已经投入上亿元建立风险控制体系，包括信息系统和人员建制，逐步完善自身的小微信贷评估机制，即使面对近年来商业银行业务不断下沉，阿里小贷等创新型贷款公司不断涌现的背景，宜信还是凭借自己的这种机制保留了非常充足的差异化经营空间，并在诸多细分领域内进行着自己的特色服务，它是一家完全在线下开展 P2P 业务的公司，成立于 2006 年的宜信目前已在全国 100 多个城市和 20 多个农村地区建立起强大的全国协同服务网络，为客户提供全方位、个性化的财富增值与信用增值服务，涵盖众多业务品牌，宜信最大的特点就在于在线下开展业务。一方面，线下开展业务和遍布全国的实体门店使宜信能够实地调查企业的经营情况，无论是贷前审查还是贷后管理，对借款人的控制程度都非常高，如果它愿意，完全可以达到银行信贷审批的严格程度，宜信公布的坏账率在 2%以下。此外，宜信还可以灵活地制定贷款利率，比如，给有抵押担保的客户较低的贷款利率，从银行手中抢夺优质客户资源。另一方面，在投资人难题方面，线下模式本来就更易于让普通投资人接受，实体门店可以向投资客户展现办公环境、工作人员风貌，可以显示公司实力，给人专业正规旳感受。此外，由于能清楚地掌控借款人的情况，宜信可以在可控风险范围内推出保障本金或利率的服务。这些都有助于获得投资人信赖，是线上 P2P 平台不能相比的优势。

- 模式转换，债权转移

备受青睐的宜信 P2P 模式叫作“债权转让+费用资金池”双重模式。“债权转让”模式是指借款人和出借人并没有直接的信息交流，属于完全隔开的两方，这种模式的过程完全符合《债权法》和《合同法》的相关规定。通过债权转让而实现的完整借贷流程包括以下两个步骤。

第一步，宜信寻找有贷款需求的客户，审批合格后，宜信高管与该客户签订一个受债权法保护的、标准意义上的《借款合同》，写明借款金额、期限、约定借款利率、还款日期和方式。这时，资金从宜信高管的账户转移到借款人账户上。

第二步，宜信寻找到有投资理财需求的客户，参照前一份合同上的债权额度，与一个或多个投资客户签订《债权转让合同》，将宜信高管名下旳债权以约定的利率转让给他们，该过程则是受《合同法》保护的。这时，钱从投资人的账户上转移到宜信高管的账户上。这样就完成了一个宜信式的 P2P 借贷过程，这种债权转让模式的关键在于两份完全合法的合同。

债权转让使宜信平台无法独立于交易之外，成为一个中介资金的枢纽平台。但事实上，宜信在传统的债权转让的做法上进行了很大程度的改变，我们不能说这是金融创新，只能称其为一次应用方式上的创新，它利用债权进行了资产证券化，并且实现了流通，从而使宜信转身成为一家名副其实的“银行”，只要投资人不挤兑，这个击鼓传花的游戏就可以永远玩下去，甚至在此期间，都不需要担心坏账率到底有多高，留给了宜信足够的空间和时间窗口，进行战略定位和业务转型等工作。

大量在社会上闲置的零散的资金就以极大的热情进入到宜信的这种模式中，随着进入的资金越来越多，一家“银行”就这样诞生了，一边是不断的债权进来，一边是不断地进行拆分、配对。毫无疑问，宜信利用期限和资金的错配，让自己成为一家影子银行，由于定位在低金额、短期限，使得宜信的腾挪空间远远大于其他金融机构，所有接受监管的机构（例如，信托）都有门槛和人数的限制，而宜信没有这样的限制，打着 P2P 的口号，它最低的金额可以做到一万元、两万元，期限在七天到几年不等。而为了玩好这场游戏，宜信所有的工作重点集中在如何更好地让投资人对宜信更加放心。宜信业务材料中宣传的所谓风控制度的设计、信用管理、红杉资本的注资，甚至引入德勤的审计，乃至唐宁说宜信的注册资本已经达到一亿元的说法等营销宣传，所有的目的都指向了如何更好地保证现金流入这个要点。

正是凭借这种应用上的创新，宜信模式的交易量和业务收入都取得了不俗的业绩，尽管宜信这种影子银行模式存在着很大的风险，但金融就是这样，风险和收益永远是匹配的。

风险与监管成为 P2P 发展的核心问题

前面提及 P2P 在很大程度上解决了商业银行不能解决的问题，但作为基于互联网的交易平台，它存在很多不确定的因素，这也是本书一直强调的互联网最难改变的行业就是金融行业的原因，因为仅仅依靠互联网平台是不可能建立起完备的评估体系的，并且秉承着开放透明原则的互联网商业模式也无法掩盖金融行业固有的信息不透明的本质。所以，基于网络的融资方式从一开始就蕴藏着极大的风险和隐患，这种风险既包括互联网公司所谓的产品创新中系统性的风险，也包括仅仅依靠线上评估存在的信用风险。在发展过程中需要加以注意和分析，从而保证这一新兴的基于互联网化的金融方式能够做好做大。下面从以下几方面介绍 P2P 行业的风险。

- 信用机制不完善，有可能导致借款人拖欠贷款

通常情况下，在人们申请贷款或者参与交易前，P2P 网贷平台会评估用户的信用历史，只有那些符合信用要求的客户才允许参与交易。但是，这些信息不一定完全准确，而网贷中介在信息系统、网络安全、信息处理方面可能存在大量的漏洞导致无法确保正确评测所有客户的风险评估分级和信用评估分级。相似的事情曾经发生在 2008 年美国金融市场发生次贷危机期间，次贷危机中所表现出的社会信用恶化、监管缺失、市场混乱、信息不对称、道德风险等，正是出现问题的重要根源所在。由此，我们可以看到信用机制的不完善可能是未来我国 P2P 行业存在风险的一大诱因。

P2P 网络借贷是互联网技术与民间借贷相结合的一种金融创新模式。信用是影响 P2P 网络借贷交易的重要因素。然而中国缺少高度透明的信用体系，借款人的信用评级完全由 P2P 网络借贷平台的信用认证机制做出。一旦借款人无钱归还，或者平台的创办者“跑路”，很难通过这种信用机制追回欠款，于是在 P2P 机制下的互联网信贷可能存在一定的信用风险。具体地讲，由于互联网交易的虚拟属性，借款人很容易伪造个人资料或者借款用途，进而导致违约后的资金不容易被追回。在借款利率偏高、缺乏用款监控的情况下，出借人的资金可能被借款人用于股票、房地产等具有高风险的投资项目，抵押品可能用于多头举债，于是出借人也因此可能遭到很大损失。同时，由于 P2P 放款金额相对较小，而出借人通过专门机构追讨或者法律途径解决问题的成本又太高，这使得借款人在一定程度上可能

选择放弃追讨，于是默许纵容了违约的发生。

- 互联网融资产品存在普遍的市场风险和流动性风险

上文已经提及，在中国的互联网公司创新了 P2P 的运营方式，在创新的过程中随即产生了新的风险和问题，尤其是在资金规模过大时，P2P 公司就已经成为事实上的影子银行，并且已经形成事实上的吸储的嫌疑，已经跟银行非常接近了，它就像一个巨大的资金池，同时吸纳和流出资金。另外，和美国不同，现阶段它没有明确归属的监管机构，被人指责为“在做银行的事情，却不受银行所面临的监管”，尤其是近期频频出现的委托方“跑路”的现象更是引起了一定的社会恐慌，绝大多数公司业务不透明，对借款客户的信息披露不足，意味着存在伪造借款人的可能。这样，投资人的资金用途无法保障，存在“发新债偿旧债”、“非法集资”、“庞氏骗局”等操作空间和风险。例如，某些互联网信贷公司的债权转让模式，一旦经过债权流通之后，确切的坏账率到底是多少，是谁也无法审计出来的，因为任何公司的任何报告都只能审计一段时间内的审计结果，要真实地梳理坏账，除非全面暂停所有的借贷业务，责令所有的债权人和债务人进行债权债务登记，否则，这个漏洞即使再大，也无从知晓。

- 新的监管障碍可能带来困难

在完全市场化的环境下，监管非常重要。美国已经将 P2P 业务纳入政府监管之下，美国把 P2P 收益权证定义为“证券”，P2P 平台必须在美国证券交易委员会（SEC）注册登记，必须履行非常严格和完整的注册程序，它的注册文件和补充材料包含相当广泛的信息，例如，平台的运作模式、经营状况、潜在的风险因素、管理团队的构成和薪酬体系以及公司的财务状况等。P2P 平台需要将每天的项目贷款列表提交给 SEC，即平台必须持续不断地发行说明书补充说明出售的收益权凭证和贷款的具体细节，以及风险揭示，投资者可以在 SEC 的数据系统和网站查到这些数据。这可以保证当有投资者对 P2P 平台提起法律诉讼的时候，该存档的记录可以证明是否存在错误信息误导消费者。这样做实际上是制定了一整套严格的操作流程，严格规定了 P2P 平台什么可以做，什么是绝对不允许做的，同时也给了 P2P 平台更大的发展空间。

反观我国，目前关于互联网 P2P 方面的监管并不很完善，金融监管的方法和手段落后于金融创新的发展，主要表现在监管机构检查的程序化、规范化的程度比较低，缺乏令人信服的风险评价体系和标准，缺少行之有效的风险防范措施和手段等。这种监管的不到位对互联网融资行业的发展带来了瓶颈与阻碍，无法保证 P2P 平台健康长足地发展。需要警惕的是，P2P 在发展过程中由于操作不合规、借款人恶意欺诈、平台风控手段不完善等原因，埋下了不小的风险隐患，特别是不少公司已触及非法集资和非法吸收公众存款两大"红线"，有不少公司采取违规的资金池模式导致流动性困难而倒闭。据统计，目前全国正在运行中的 P2P 网贷平台共有 400 多家，已关闭的平台至少有 55 家以上，分析人士表示，2015 年内可能会有上百家机构倒闭。鉴于此，人民银行等管理部门已多次警示 P2P 领域金融风险，并将其作为互联网金融的重点调研和监督对象，以确保规范稳健发展。

P2P 的明天，走上专业化、规范化道路

- 机构投资者开始关注 P2P 网络融资

以往 P2P 平台的借贷双方主要为个人用户，但现在越来越多的机构投资者看准 P2P 市场，并积极参与其中。这是一种信心和支持的信号，任何一个金融创新产生出的产品都有机构投资者，尤其是大机构的参与后才得

到可持续发展的。原因主要有两个，一是机构投资者的固定成本高，他们只有对一个产品的未来总体规模与边际利润率有了乐观的估算后才会进入；二是机构投资者对自身的品牌非常呵护，不会轻易去参与（等于背书）一个不具备长久生命力的产品。在过去的很长一段时间，无论是在中国还是在美国，我们已经看到了机构投资者对 P2P 公司的青睐，截至 2014 年 8 月，Lending Club 和 Prosper 获得投资金额均已达到上亿美元。2014 年 1 月 9 日，中国 P2P 领军企业人人贷的母公司——人人友信集团宣布获得 1.3 亿美元 A 轮融资，此次融资由挚信资本领投 6500 万美元，其他投资人合共 6500 万美元，一举超过此前 Google 对 Lending Club 的 1.25 亿美元投资，创下了全球互联网金融行业迄今为止规模最大的单笔融资，也是近年来中国互联网业最大的一笔 A 轮融资。

2014 年 12 月 12 日，全球最大的 P2P 平台 Lending Club 成功登录纽交所，IPO 价格为 15 美元/股，市值为 85 亿美元。过去 7 年里，Lending Club 已经成功完成 50 亿美元的放贷量，Lending Club 现在只有两个产品：个贷和中小企业贷。就 Lending Club 的主打产品个贷而言，市场整体体量在 8500 亿美元，但 Lending Club 只占其中的 50 亿美元，市场发展空间巨大。Lending Club 上市所募资金将用于技术、市场、产品等多个方面，去和越来越多的中型商业银行竞争，抢夺客户。

- 产品标准化、应用场景深入化

随着 P2P 规模的不断扩大，服务对象也从仅仅是个人用户逐渐转向中小企业用户。另外，所有从事互联网行业的人都知道，中小企业客户产品的一大特点就是标准化产品，所有的中小企业应用无一例外，美国 7 家 SAAS 上市公司统计数据显示，80%的收入来源于标准化产品，即订阅性服务，只有 20%的服务来自定制服务，主要客户是大企业。其实即使我们打开商业银行的网银界面，也能够看到业务分为大型企业和中小企业服务。

所以，P2P 公司未来与商业银行之间竞争将全面进入中小企业市场范畴。事实上，P2P 公司在中小企业市场上已经行动起来，同时，P2P 公司逐步实现场景化应用，并在多年的从业和运营过程中积累下来大量的数据，很多 P2P 公司的从业人员都有非常深厚的行业背景，这样可以凭借过往的行业数据对资金需求方进行多方位的判断，与银行完全凭借质押的方式进行借贷相比，P2P 公司有自己独到的行业属性。

同时，从上面以 Lending Club 为代表的互联网公司的运营数据上看，P2P 行业本身就更加适用于与日常生活联系紧密的小额信贷行业，所以，我们预测 P2P 公司会进一步渗透到细分行业中展开新一轮合作。目前，Zopa 借贷平台的用户界面在面向用户时就已经区分出信用卡还款、家庭装修、汽车信贷和婚庆借贷等多个场景，并且在每个场景的垂直领域内都有各自的借贷特点和垂直领域供应商。

另外，从资本市场上的种种迹象也能够看到一些端倪。2014 年 4 月，Lending Club 花费 1.4 亿美元收购医疗贷款服务商 Springstone，意在希望 Lending Club 成为一个专门面向想为孩子教育筹集资金的父母，以及那些想接受更好的医疗服务的病人，提供负责、透明贷款的平台。同时，Lending Club 也开始允许一些机构（比如银行）作为出借人，以前这个角色基本由个人充当。

为了在细分和垂直领域能提供更好的服务，P2P 公司也开始展开广泛合作，对后续回收抵押等后端处理上存在挑战的业务，P2P 已经开始选择交给服务提供商处理，把自己主要的精力放在自动化的方式来获取优先权，以及运用科技降低成本提升体验的能力上。

其实，中国互联网公司始终非常注重场景的设计和利用，并与金融产品进行绑定，微信红包就是非常好的应用实例，微信红包充分考虑迎合中国传统的新春佳节时机，把红包的使用范围应用到朋友圈中间。所以，相信有着广阔市场空间和应用领域的中国互联网 P2P 公司也会在此方向上做得很好。

- 大浪淘沙，逐渐优化

在经历了一段时间疯狂的发展之后，P2P 公司得到了飞速的发展，不过正如当年的团购一样，互联网 P2P 公司也一定会经历一批筛选，留下一些比较强势的专业化的公司，大浪淘沙之后才会出现真正的强者，这其中的因素多种多样，或许是因为运营经验不足，会有很多 P2P 公司出现倒闭的情况；或许是因为战略导向问题，很多小的互联网 P2P 公司的最终目的就是卖给大的互联网公司，并没有想自己独立运营，这也是互联网公司资本市场运作特征的表现。总之，一句话：最终走向融合和专业。

同时还应该看到，目前 P2P 平台的借款利用率非常之高，随着利率市场化进程加快，商业银行为了吸引用户，必然也会提升贷款利率，这样在一定程度上也会影响 P2P 的业务发展。那么，如果行业整体利率真的不降反升，并且储蓄账户也像 20 世纪 80 年代那样提供 5%的利率。那么那些在 P2P 借贷领域寻求 5%~6%收益的投资人面对同样能提供 5%~6%利率的储蓄账户会怎样选择？显然，储蓄账户政府担保，而且也绝对不会有损失，除非遇上国家性质的大灾难以及类似的情况，投资人应当都会更倾向于选择储蓄账户。这也就是意味着投资人开始撤离，这样平台就需要支付给投资人更多的利润。一方面，乐于参与 P2P 平台的人减少导致业务量大量下降，另一方面，原本参与 P2P 信贷的用户开始撤离会给信贷平台带来很大的还款压力，但并非所有的网贷平台都可以应付得起大量的还本付息热潮，于是利率上升很可能诱发 P2P 信贷平台发生倒闭热潮。

从 P2P 行业的发展历程来看，P2P 行业运作经验还很少，从 Zopa 成立到今天也只有 9 年的时间，作为从事金融服务的公司，没有足够的运营时间和经验积累，特别是没有经历过经济下行周期的考验，会导致 P2P 公司发展进程中面临诸多问题，因为当资金量不够的时候，一旦出现资金链短缺，其风险极大。但是对商业银行来说，即使出现了一段时间的资金短缺，银行间的拆借也会尽量将资金弥补上。2008 年的经济危机以及 2013 年银行资金短缺就已经验证了这一点。或许谁也不会忘记，2008 年全球经济危机中，美国政府出手收购美国银行股份，但同样饱经风霜的雷曼并没有得到政府的援助，更谈不上救济 P2P 网络信贷公司。信贷资产是 P2P 平台的主要金融业务，也是其实现利润的主要途径，但同时也是诱发 P2P 平台经营风险，导致信贷平台破产的主要原因之一。在经济下滑周期的时候，新增贷款的速度肯定会下降，前期收入必然严重下滑，而随着催贷成本的大幅上升，很多在经济上升周期表现良好的 P2P 公司是否会因为当时风险能力不足而倒闭，或者管理者无意辛苦地支撑，目前还不得而知。

另外就是一个信心的问题，很多平台负责人此前都没有过借贷行业从业经验，甚至也没有足够雄厚的资金，仅仅是听说网络信贷行业能赚钱就创建了个平台，于是大量创业者涌入该行业，目前网络信贷平台已经有十几家迅速发展到几百家，总体规模由 100 亿元迅速突增到 1000 亿元。但是我国国内的 P2P 发展较晚，监管尚未到位，导致目前准入门槛特别低、资金要求特别低、平台创业者风险控制能力良莠不齐、各平台缺乏监管人只能自查都可能成为 P2P 平台破产的诱因。互联网行业本质上就是在资本市场的浪潮下发展演变的，不可否认，今天确实有很多互联网公司从最开始并没有想把这个公司做大，只是希望有朝一日能迅速卖出，所以，我们认为今天的 P2P 特别像当年的团购网站一样，正在经历着大浪淘沙的过程，也许经历了这样一个过程之后，最后就剩下 3 家向着专业化的服务方向发展，也许到那个时候，P2P 行业也就真正地成熟起来。

在中国，正式工商注册的中小微企业就有近5000万家，占全国企业总数的99%以上。由于各种原因，传统金融机构对这部分市场并不重视，不能很好地满足这部分企业的金融需求。这恰恰给P2P网贷平台留下了巨大的想象空间。另外，随着中国政府高层关于互联网金融创新支持进一步加强，各种利好政策将陆续出台。未来，中国市场肯定会诞生一家，甚至几家"巨无霸"型P2P网贷公司，P2P网贷主要面对中小微企业市场，包括以个人和家庭为单位的半公司式创业主体。这也是为什么面对巨大的挑战和风险，P2P网贷领域仍然有这么多人关注，并不惜血本全身投入的主要原因之一。

总的来说，由于目前互联网金融在我国处于起步阶段，没有明确的监管与法律约束，整个行业都在摸索前进，其中也有个别公司违规经营，大搞线下业务，违规发行理财产品，甚至触碰"非法吸收公众存款"、"非法集资"的底线，因而不管是从宏观层面还是从微观层面，都累积了不可小觑的金融风险，而且无论在传统的金融模式下还是在互联网金融模式下，都要认清金融的本质，风险控制始终排在第一位。只有做好风险控制，互联网金融才能持续发展，否则只会是昙花一现。虽然这些风险的的确确存在着，但是我们应当抱以乐观的态度来看待这个问题，随着监管政策逐步明晰，行业优胜劣汰以及规范整顿势在必行，而P2P行业的发展也将更加规范有序地进行。

当P2P已经吸引到了机构投资者的时候，可以说也就正式进入了商业银行的范畴，面对严峻的竞争形势，我们已经看到了商业银行从事P2P业务，也是在通过线上方式吸引新用户，银行做P2P有自己独特的优势，毕竟他有自己的信用作为背书，既加剧了P2P行业的竞争，也有效地促进了P2P行业的规范化运营。

众筹不仅是融资

由来已久的众筹

1876 年，正值美国独立 100 周年之际，为了纪念美法两国在美国独立战争期间建立起来的同盟友谊，法国向美国赠送了被后世誉为“美国精神”象征的自由女神像，而当这尊制作耗时 10 年，重达 225 吨的雕塑即将运往美国时，当时财力捉襟见肘的美国政府却无力承担将其安放在纽约港口的基座支出。为了解决这一难题，报业大亨约瑟夫 · 普利策呼吁纽约市民慷慨解囊，并按照捐献金额不同给予尺寸不同的微缩自由女神像作为回报，最后成功募集到了安装基座所需要的资金，自由女神像也被矗立在纽约港直到今天。用今天的眼光来看，这就是一个经典的众筹案例。

众筹（Crowd Funding）意指向广大群众（无特定群体）募资，用以支持发起人特定项目的行为。在古今中外的历史上，诸如此类的案例并不少见，多数集中在宗教场所建设、艺术作品出版等领域，众筹的目的也相对单一，即融资，投资者多以获得使用资格或作品实物为回报。

互联网时代，众筹突破了时空的局限

2014 年是互联网诞生 25 周年，据“互联网实时统计”（Internet Live Status）宣布，全球网民数量突破了 30 亿人，而以互联网为平台的众筹突破了时空的限制，获得了一日千里的传播速度和理论上可以辐射全球的受

众人群，与此同时，互联网技术的快速发展为众筹项目开发创造了新的想象空间。

从模式上进行区分，目前众筹主要分为四类：商品类众筹、股权类众筹、捐赠类众筹和债权类众筹（即 P2P 网贷），其中以商品类众筹和股权类众筹发展最为迅速，也更被大众所接受。

商品类众筹是指投资者多以预购行为作为支持方式，获得项目发起者提供需要筹资的产品或服务作为回报。其中，美国 Kickstarter 为个中翘楚，这家创立于 2009 年的众筹平台截至 2013 年年底，共筹集了超过 7.8 亿美元的资金，支持了超过 48000 起众筹项目，仅 2013 年一年，就有 300 万名用户参与了 4.8 亿美元的众筹，平均每分钟筹集资金达到 913 美元。所有的创意项目中，艺术、游戏、设计、动漫等成了主流。

股权类众筹意指投资者对项目发起者进行投资，用以换取目标公司的相应权益。相对于商品类众筹的蒸蒸日上，股权类众筹曾经历过一个阶段的低迷，主要原因是各国对股权投资有较多的限制，如股东人数限制、投资金额限制等，但是随着中小企业，尤其是初创企业融资难度加大，融资成本逐渐增高，各国金融监管机构也逐步放开了相应的政策，最著名的是美国 2012 年颁布的《初创企业扶助法》（*Jumpstart of Our Business Startups*，JOBS Act）。在该法规中，明确了“新兴成长公司”的定义，并主要放宽了对股东人数的限制，由原来的 500 人增加到 2000 人，提高小额公开发行豁免下的筹资额度，由原来的 500 万美元上升到 5000 万美元等。作为助推了 JOBS Act 的股权众筹平台 WeFunder，创立于 2012 年，迄今为止共筹集超过 600 万美元的资金，资助了超过 50 家初创企业。

捐助类众筹属于无偿捐赠的慈善行为，成立于 2009 年的 Fundly 是全球规模最大的该类平台。据资料显示，截至 2013 年 6 月，Fundly 共获得超过 3 亿美元的捐款，资助了超过 42000 起慈善活动。

众筹在中国，于夹缝中茁壮成长

“李克强经济学”的中心思想有三点：第一，政府不推出刺激经济的政策，并逐步缩减国家主导的投资行为；第二，去杠杆化，降低借贷产出比；第三，推行结构改革。在此基础上，努力实现利率市场化，建立多层次的资本市场结构，以此来大力发展民营企业、降低中小企业融资成本，这就为各类众筹的发展带来了政策利好。

据清科统计资料显示，2014 年上半年我国众筹行业（不含捐献类及债券类）共筹集资金约 1.9 亿元人民币，完成了对 1423 个项目的投资，其中商品类众筹募集资金为 3228 万元人民币，众筹行为达 993 起；股权类众筹募集资金约 1.6 亿元人民币，众筹行为达 430 起。从数据上看，商品类众筹具有“小金额、大数量”的特点，股权类则刚好相反。

目前我国的商品类众筹平台已步入快车道，其中有创立最早，但近期宣布将定位改为“智能产品首发平台”的点名时间，有从众筹获益者到众筹平台建立者的追梦网，有善于利用娱乐明星，长于制造轰动效应的众筹网，有首家专注于新媒体影视的垂直众筹平台淘梦网等。这些平台合力为国内的群体投资者打开了一个丰富多彩又光怪陆离的“成就他人与实现自我”的世界，在这个世界中，投资者可以花几百元获得一个尚处在概念中的空气净化器，或者得到一个动漫电影的配音机会，又或者收到一本喜爱作家的签名图书，成为某个“高大上”俱乐部的会员。项目发起人则在百川汇海的滋润下，达成心中的理想。

然而，由于我国现阶段并没有针对股权类众筹的相关法规政策，股权众筹行为则要谨慎得多，游走于政策真空，打擦边球成为主要的方式。众筹平台大家投所使用“领投+跟投”的方式最流行，即由领投人先行按比例对筹资项目进行投资，再将项目信息发布给跟投人，由跟投人投资填充剩余金额，待投资额满足项目需求后，由领投人与跟投人合资成立有限合伙企业，入股项目公司。但是，美微文化传播有限公司发起的股权众筹则成了触碰到政策监管红线的经典案例。这家通过在新浪微博及淘宝网出售股权的传媒公司共有 1193 个股东，均超出《公司法》中规定的有限责任公司股东人数不得超过 50 人及股份有限公司股东人数不得超过 200 人的限制，虽然美微传媒事后用 23 个自然人代表了 1193 个股东，成为实际的具名股东，但依然被证监会定义为“一种新型的非法证券活动”。

尽管美微的众筹行为被叫停，但是证监会并没有对其处以严厉惩罚，这也向外界释放了一个我国也会在该领域出台相应的政策，规范、监管、扶持股权类众筹的信号。2014 年 3 月 31 日，证监会发言人张晓军对外宣布，证监会正在对股权众筹进行调研，适时将出台相关指导意见。经过将近 9 个月的工作，证监会于 2014 年 12 月 18 日公布了《私募股权众筹融资管理办法》，并对外征求意见。在该管理办法中，明确定义了股权类众筹的含义，同时对众筹行为的参与方：投资者、融资者以及众筹平台的资格有了严格的要求，令行禁止。如投资者单笔投资不得低于 100 万元人民币，净资产不得低于 1000 万元人民币；融资者应当为中小微企业或其发起人，必须提供真实、准确和完整的信息，向投资者承诺投资本金不受损失或者承诺最低收益，并不得在同一时间通过两个或两个以上的股权众筹平台就同一融资项目进行融资，在股权众筹平台以外的公开场所发布融资信息；众筹平台则必须是证券业协会会员，并且必须在人员、技术、资金上达到规定的要求，等等。

从积极的一面看，该办法的出台从政策上清晰地界定了股权类众筹，解决了合法性问题，移除了“非法集资”的红线，真正承认了众筹对创业的巨大支持作用，并明确了责任与义务，规范了行为，控制了风险，同时，很多业内人士也对此办法表示了失望，比如，不但没有打破原有的股东人数限制，而且对投资人的资格有了更高的要求，这就使很多“草根”投资者望而却步。无论怎样，对于众筹这个新生事物，政府、业界、民众都表现出了足够的关心与期望。

众筹到底能“筹”什么

“众筹必将取代精英投资”，前华兴资本董事总经理，现摩点众筹科技有限公司创始人黄胜利如是说。当普通人的财富积累难度逐渐下降，“认知盈余”驱使着越来越多的人愿意去创造、去分享，且这种欲望愈加强烈，从这一层面来讲，众筹确实有着日渐坚实的基础，以及看起来美妙的未来。透明、高效、快速、低门槛的草根众筹确实在冲击着金额庞大却反应迟缓、效率低下的精英投资。此外，投资回报的多样化、个性化也非精英投资那些冷冰冰的数字可以比拟，省下一顿饭钱，换一个印有自己名字的机器人模型似乎也有某种独特的吸引力。然而真正使众筹可以登上擂台与精英投资一较高下的“武功”，则是众筹更具备的“金钱无法衡量的作用”。

实际上，众筹改变了商品生产的过程，因为众筹平台上一个个创意项目的发起人最缺乏的也许并不是资金，而是对自己的产品是否会真的被市场接受的信心，众筹就提供了一个在产品投产前测试市场接受度的机会。这是一种非常宝贵的机会，从募资的时间、人数、金额上就能看出这款产品的受欢迎程度和未来发展前景，一款连筹资阶段都无法成功度过的产品，即便有足够的资金进行投产，也不会带来令人满意的回报。当产品的理念被大众接受，筹资完成时，并不意味着已经大功告成，产品依然需要反复锤炼、改良，这时众筹平台就成为一个项目发起人与投资者，甚至是“不明真相的围观群众”间频繁互动的场所。最后，愿意投资，且愿意献计献策的投资者成为项目的“1000 个核心用户”，这批核心用户将会成为确保产品未来发展成功的中流砥柱。此外，当一个众筹平台积累了大量的项目创意、成功案例、投资反馈、失败经验后，相应的“大数据”就会成为无价之宝。什么样的产品会成功？通过对“天时”——政策环境、科技趋势、市场需求；“地利”——成熟、有经验的推广平台；“人和”——大量支持者的综合分析，就会得到相对全面可行的“成功公式”。

众筹平台在让融资更容易的同时，也减轻了产品实际制作过程的痛苦。类似 Berkeley Sourcing Group、Dragon Innovation 和一些硬件孵化器，都会给众筹项目提供从制作产品原型、设计，到最终的生产等多个环节的服务。发展至今，众筹也开始受到资本市场的认可，Crowdtilt 于 2013 年 12 月 16 日获得 2300 美元的投资就是一例。而众筹能吸引资本投资（VC）的一部分原因可能是，VC 和众筹平台做的事情其实是一致的：他们都能帮尚处于创业早期且未来有发展潜力的创业项目融到钱。你去 Amazon 是为了买新的东西，而你在 Kickstarter 上，买的却是属于“未来”的东西。正如 Amazon 一样，一个围绕“未来产品”的产业链轮廓也将随着众筹平台的发展而逐渐清晰起来。

挑战依旧在，且行且完善

（1）政策风险

尽管《私募股权众筹融资管理办法（征求意见稿）》已经对外公布，但是相关细节的确定、落实仍然需要一段时间。此外，《公司法》、《证券法》中对股东人数、公开发行证券对象人数等的限制依然存在。另外，知识产权缺乏法律保护也成为商品类众筹挥之不去的梦魇，项目创意透明度高，产品展示开发周期长，都为“山寨”提供了充足的条件。

（2）项目风险

首先，对首次创业的发起者来说，创业经验、能力、条件都不成熟，即便资金筹集到位，项目能否如约开展直至完成，都存在很大的风险，如果项目失败，投资者的权益很难得到保护。其次，众筹平台的信用风险同样存在，当信用危机发生后，投资者的投资资金及托管期间产生的收益都无法保证。

（3）投资风险

作为“草根”投资者，投资行为往往含有一部分冲动因素，而完整的投资则涉及投前—投中—投后三个阶段的工作，其中投后管理对专业要求非常高，而很少有“草根”投资者具备相关能力，只能委托众筹平台代为行使股东权利，众筹平台的管理能力强弱、信用程度高低都会为投资者带来一定的风险。另外，对项目发起公司来说，大量的股东则为今后的再融资、大型机构投资者进入造成较高的障碍，也为后期的股权管理带来了相应的麻烦。

福祸相依，有机遇，就有挑战，完善相应的法律法规、建立完善的信用系统、引入第三方支付机构等方法都可以从一定程度上解决上述问题。知易行难，我们不因噎废食，勇于开拓，必能在众筹这条道路上收获成功，越行越远！

网络销售金融产品，渠道的力量

金融市场上网络渠道的力量

在21世纪，互联网已然成为最重要的业务拓展渠道，很多人购买产品都会选择互联网营销平台，淘宝、京东等综合性电子商务平台，或者一号店、中粮我买网等专业产品平台都取得了很好的业绩。可以说所有选择使用互联网作为营销渠道的厂商几乎都取得了非常大的成功，有的甚至通过互联网渠道在很短时间内冲垮了竞争对手多年积累下来的传统渠道。小米就是最好的例子，当小米公司创始人雷军在2014年义乌世界互联网大会上侃侃而谈的时候，小米手机的出货量已经占据了全球第三的位置，造就这一传奇的最重要的一个因素就是小米的渠道全部基于互联网线上模式。小米建立之初，很多人并不看好互联网销售模式，因为所有做手机的人都深知三四线城市渗透率指标的重要性，没有人认为小米手机能够在很短时间内完成三四线城市的深度覆盖，但是小米通过互联网的方式绕过了传统渠道实现业务营销，足见互联网渠道的良好效果。在金融产品销售领域，商业银行已经通过互联网渠道实现销售理财产品，在移动互联网时代，互联网公司也将自身业务平台打造成为互联网基金理财产品的销售平台，上文中提到了余额宝和财付通就是典型的代表。

作为互联网金融产品的典型应用，在2013年推出的余额宝一下引发了全社会对互联网金融产品的思考和追捧，几乎一时间所有的年轻人都开始将自己银行账户上的闲散资金转移到了余额宝的账户中，阿里巴巴的这款产品也成为大家茶余饭后的谈资，并且取得惊人的业绩，截至2014年第一季度，余额宝管理的资产额已经达到890亿美元，余额宝账户数量达到1.6亿个，天弘基金也一跃成为全球第三大货币基金，在全国范围内掀起了一股关于余额宝的风暴。随后，理财账户与货币基金合作通过网络销售也被其他互联网公司效仿，腾讯公司在微信平台上推出理财通服务，百度公司开始基于自己的钱包业务开发百发产品，甚至连中国电信、中国联通等运营商也纷纷推出理财产品，中国电信的添益宝就是最好的例子。

通过互联网以及移动互联网渠道销售理财产品、基金以及保险产品，渠道上并没有特别之处。另外，将支付宝账户转到货币基金账户的方式在十几年前的美国贝宝上也能看到影子，那么为什么在这个时候的中国却取得了如此大的轰动呢？我们认为，余额宝的爆发是互联网思维和服务意识最真实的一种体现。

一方面，互联网思维就是屌丝文化的集中体现，所以互联网产品必然要满足底层人们的需求，本书中多次提及信托产品的资金定位在100万元以上，宜信等P2P公司还是满足小微企业，主要定位在10万~50万元人民币的城市中产的借贷需求，商业银行理财产品的起点也在5万元以上，而支付宝中只有1分钱也可以购买余额宝货币基金产品，并且可以随时支取，有效地满足屌丝需求，这是余额宝在中国成功的原因所在。其背后是技术与意识的充分结合，是社交因子、移动化趋势的渗透，在移动互联时代，手机已经成为用户工作生活的工具，企业应用也开始了移动化进程，高度的黏性也把社交网络搬移到了移动互联平台，互联网公司凭借技术上的优越性以及对互联网思维的理解，把电子商务、社交网络融入到自身的金融业务中，自然就成就了今天的互联网金融平台。反观商业银行，在互联网技术和设备上的投资很多，但是中国的商业银行在开发电子服务网站的之初，就把电子银行业务定位在一个后端服务的位置上，只是希望电子银行、手机银行作为营业网点的有效补充，并没有定位在产品和服务的前端上，最直接的体现就直到今天在使用电子商务购物支付时，还必须登录到对应的商业银行的网络银行上才能进行购物。同时，我国的商业银行区分省级管理，所以在 IT 系统的改造和管理上也存在一定难度，我们也看到商业银行为了改进而进行的不懈努力。

另一方面，余额宝背后的客户服务意识已经渗透到用户的行为和思想中，余额宝等理财产品已经能够做到体验和改变用户行为水平的级别。当前，消费者都希望成为理财的决策者，用户希望在任何时间和任何地点，完成账户间的切换、对应的交易、产品的购买等流程。因为钱是从来不睡觉的，余额宝在满足用户的需求时，也让用户的资金始终停留在对应的账户中。当然，在让用户的闲置资金实现收益的同时，也保证支付宝资金账户的活跃度，从而最终达到实现交易平台交易量提升的目的，这才是“反哺主业”的核心理念，看看今天有多少用户通过手机进行淘宝就一目了然。一个最明显的例子就是即使是那些对互联网公司账户安全性持有严重怀疑的用户也愿意把一部分资金转移到支付宝、微信账户中，随即取消银行卡关联，可见，这种将购物和理财联系在一起有多么重要。一直以来，互联网公司始终如一地坚持着以客户为中心的理念，每一个产品都在深深地渗透着用户的日常行为中，比如打车、看病时通过手机挂号、通过手机购买彩票等，而所有的这些用户行为又均与通过电子钱包在内的金融服务联系在一起。

从商业银行角度讲，尽管各家商业银行都有电子渠道，并且设有专门的电子银行部或网络银行部，但是所有部门的职责目前还都停留在技术研究、产品开发上，并没有专门的营销团队，对应目前的主要收入还是电子平台的交易手续费，所以很难提及从客户的需求和客户的感知角度入手，更谈不上基于互联网思维从事业务运营。

谈及余额宝对商业银行固有模式的影响，我们很难判断余额宝产品对商业银行理财产品的影响，更不太好把余额宝的 7 日年利化率与理财产品的收益进行比较，毕竟它们就不是一类产品。但毫无疑问的是，余额宝产品的推出的确展现了互联网时代金融产品的特点，也在很大程度上刺激了商业银行等传统金融机构，在市场经济下所有的角色都已经深刻理解了“抢占用户入口”这句话的真实意义，我们不可能要求商业银行等传统金融机构一下发生多大的改变，或许也不需要那样的改变，但是以用户为中心的理念现在就开始吧。

“绕道行驶”的本质特征

（1）“宝宝类”产品仍然无法摆脱支撑主业发展的战略性目标

本书中多次提出，每一家互联网公司都有发展自有业务的主要战略，其下所有的产品都是为了带来更多的用户，为主营业务积累用户规模基础。余额宝正是维护支付宝用户的一大利器，服务好自己的支付宝体系下的用户，提高淘宝的客户黏性，让体系内的生态更健康。同时，阿里的余额宝也实现附属的功能。一方面，长期以来，人民银行央行的备付金管理办法要求支付宝不断随着交易额的提升而增加注册资本，对阿里而言，注册资本的提升属于规模越大、资金占用越低，而净资本回报则越低的行为，所以必然要想办法绕开，挪开压在支付宝上的一块石头。另一方面，目前社会舆论普遍对支付宝占用客户资金沉淀利息的行为质疑，所以支付宝也要想出对应的举措，而余额宝的出现也正好缓解了社会各方的压力。但是，因为通过余额宝，阿里巴巴把本来可以实现的资金沉淀利息都还给了客户，而阿里巴巴改为收取基金的服务费或者渠道费，当然两者之间是否一定谁高谁低，没有数据，恐怕只有阿里人自己知道。

我们再看看余额宝在美国的榜样，PayPal 运作货币基金的主要目的也是为客户提供理财便利、吸引更多的沉淀资金，从而达到提高用户黏性的目的。历史数据显示，在美国利率大幅下降后，PayPal 一直通过主动放弃大部分管理费用的收取来维持货币基金的收益率和吸引力，仅仅运作货币基金对 PayPal 而言根本无利可图。由此可见，对 PayPal 而言，做货币市场基金并不是为了赚取资产管理费，也不是为了开展资管销售业务探路。尽管不会带来直接收益，但所带来的潜在好处是战略性的，今天 Paypal 的财报就已经印证了这一点，今天他对老东家 eBay 的贡献率已经达到三分之一。

（2）揭开宝宝类产品背后货币基金的本质

无论余额宝如何宣传，无论其博得了多少粉丝的喜欢，无论部分人会如何美化，甚至提出余额宝颠覆银行的说法，在这里我们都有必要揭示一下其本质，目的就是为了很好地解释互联网元素到底能够改变什么，还有什么是不能改变的，还原其真相，意在阐述背后的风险。

从本质上讲，余额宝是一个典型的货币基金，余额宝的收益其实是来自购买天弘基金的增利宝的货币基金的行为，实质是一项投资，而投资所形成的投资收益必然是有风险的。它与商业银行的存款完全是不同的概念，存款是有国家信用作为担保，而投资行为是没人给你担保，那么谁也不能保证收益一定能实现。所以互联网公司在宣传宝宝类产品一直对比其与商业银行活期存款利率本身是不科学的，因为背后的风险程度是不一样的，尤其是对受金融教育较少的民众来讲，这样做是不够负责任的。事实上，即使真的对比收益，货币基金也不一定就比活期存款要高，就像任何投资都会有亏损一样。在不同的年份里，受制于大环境主要是资金面的因素下，货币基金的整体收益是有差别的，甚至出现过 2006 年货币基金亏损的情况，可见，说货币基金无风险铁定是不现实的。再来看国外的案例，余额宝的美国榜样 Paypal 基金最终关闭就是最好的证明，2011 年 6 月份，PayPal 突然发布声明称,其管理的货币市场基金于 2011 年 7 月 29 日关闭。在 2008 年的金融危机之后，美联储实行超低利率政策，在金融危机后的三年时间里，美国货币市场基金数量减少了大约 20%，即使是保留下来的货币市场基金很多也处于经营亏损的状态，难以给客户带来金融优惠。金融危机以后，美国货币市场基金收益率降至 0.04%左右的水平，而 2007 年的收益率高达 5%。可见，在宣布关闭货币市场基金之前，为维持基金收益，PayPal 实际上已经补贴了近 2 年时间，巨大的货币市场基金已经成为 PayPal 的巨大负担，而且越来越沉，当收益率持续走低时，这些收益加起来不够弥补基金的各项管理支出等费用。

历史一再证明，与无风险的银行存款相比，宝宝类产品本身就不是一个层面上的东西。作为金融投资的一项渠道创新，余额宝可以说是传统基金销售业务的延伸，是对传统投资业务渠道的有效拓展，除了具有传统货币基金的货币市场风险外，还具有自己特有的风险特点。

既然不是银行的理财产品，也没有政府的背书，那么类似于余额宝的“宝宝”类产品就一定存在风险，尽管某些互联网牛人们宣称他们“赔得起”，但是用户不一定输得起，政府也不能坐视不管，所以我们希望互联网浪潮下金融变革中乘风破浪的弄潮儿们都能在收益和风险、效率和安全之间取得一个完美的平衡。余额宝产品的流动性风险主要与余额宝收益率和巨额赎回有关。一方面，余额宝买家关注的主要信息是余额宝的净收益率，收益率越高，余额宝进行赎回的比率就越低，余额宝的流动性就越好。反之，流动性越差，基金面临的赎回风险也会越大。余额宝收益率与天弘基金管理能力有一定联系。

2013 年上半年，天弘基金依靠余额宝扭亏为盈实现净利润 852 万元，因此，余额宝收益率平稳性及增长性仍然有待考察。另一方面，在以转出或支付的形式赎回基金的过程中，支付宝公司只能利用本公司的自有资金或者客户备付金垫付基金赎回资金，才能实现余额宝到支付宝的实时到账。因而一旦出现扎堆赎回基金，或者基金公司出现流动性风险当天无法顺利交割，无法支付事先垫付赎回资金，客户的备付金就可能被挪用，余额宝的流动性就可能出现问题。对余额宝来说，“双十一”等促销活动可能产生的流动性风险是巨大的，而且赎回的频繁性也会使基金收益出现大的波动，同时即时支付又使流动性风险倍增。一旦市场发生波动，用户集中提取余额宝中的资金时，不论是天弘基金还是支付宝、余额宝都会变得非常被动。另外，虽然货币基金都会面临不同程度的期限错配，但余额宝的产品设计无疑最大程度地扩大了期限错配风险。

此外，任何量化交易模型的有效性都是其交易环境和交易规则的函数，因而模型需要不断校正，不断对其进行不同环境下的压力测试才能保证其可靠性。较之银行业已积累了几十年的数据，互联网企业缺少长期的特别是跨经济周期的数据支持，目前网贷公司风险计量模型的可靠性还有待考验。

目前社会上很多观念激进的人会说余额宝是互联网化的产品，是采用了贝宝激进的思维，但是我们要说的是，贝宝基金在防范风险方面还是有一整套的操作规范，特别是其风险管理意识尤其引人关注。首先，贝宝为该货币基金成立了专门的资产管理公司，受美国证监会管辖，当然贝宝的资产管理公司没有银行执照，无法获得联邦存款保险保障，同时，由于资产管理公司具有非常高的管理水平，该货币基金的收益率与同类产品相比不算差。最后，也是最重要的就是，PayPal 基金特别注明了主要风险，主要包括：一是该投资并非银行存款，一旦所投资的证券产品出现违约投资有可能亏损，甚至基金可能投资于以美元计价的外国证券，这些证券可能面临从信息缺乏到政治不稳定等额外风险，并且声明该基金没有向美国联邦存款保险公司或其他的政府机构投保。而我国互联网公司往往过分夸大了互联网理财产品的高收益、效率和技术的先进性，导致用户往往忽视了其背后的风险，潜在的风险很大。互联网及其相关产品在提高金融业的经营效率方面已经有了不可否认的贡献，但在提高金融业的经营安全尤其是提高其风险管理效率方面，尚未有说服力的案例。

网络销售金融产品的明天

（1）受利率市场影响，宝宝类产品会长期存在

尽管存在这样或那样的风险，作为行业新兴的参与者，互联网公司的理财产品还是在一定程度上形成了对传统行业银行的冲击和影响，从本质上讲，互联网公司的产品和服务满足了特定消费者的需求，所以，我们相信，即使存在各种政策的不稳定以及多种多样的风险，互联网理财产品仍然会在很长时间与商业银行的理财产品并存，两者各有各的优势，长期并存。

从产品性质上讲，就像电信运营商产品区分公众产品和政企、集客产品的不同类型一样，金融理财产品也有同质化和定制化的区别，相应地，在销售方法上也有集约化和个性化等不同的排列组合。目前，适合网络销售的还是那些低端的、以价格为成交驱动主因素、高度同质化、低风险低收益、低保障、低售后服务要求的金融和保险产品。一旦客户需求的复杂程度再上一个档次，产品规格立刻就会面目全非。客户端要求越个性化，网络销售难度就越大，成交周期就越长。换句话说，现阶段互联网金融适销产品是那种所谓的傻瓜式产品，这样可以充分发挥互联网覆盖面广、24小时全天候服务的优势，提高金融机构的销售业绩。相反，商业银行凭借自己多年积累的优势以及对产品收益较高的要求，自然也就更适合开发高

度定制化的高收益理财产品，面向大型商业机构。

从风险角度分析，金融机构做任何事都抱有审慎负责的态度，是天然的风险厌恶者。这个特性和互联网的恣意、粗野、冲动有时候甚至蛮不讲理的特点格格不入，互联网是天生的风险喜好者（即 Risk Taker），当然也是改变游戏规则者（即 Game Changer）。所以从中长期看，这是业界的最佳结合点。我们认为，无论是金融机构还是互联网公司，谁在基于大数据的风险管理方面率先取得突破，谁就有可能摆脱泥潭式竞争，在高大上的道路上绝尘而去。

从业务演进的方向来看，以互联网为代表的新型力量，会在场景化方面下一番工夫，其他所有的行业都是这样一个思路，因为场景化互联网企业能够在这一轮竞争中抢占用户的区别，各行业都会在这个领域下工夫，并且发挥自身的优势。商业银行的优势就是自己有鉴定权利，我们所有的大型购买可能需要正规商业机构的证明。

（2）对商业银行的影响和商业银行的做法

很多人总爱兴风作浪，借此吸引眼球，甚至阐述余额宝即将冲击银行存款，颠覆商业银行的言论，我们认为，估计马云大师也未有这样的想法吧，当然并不是说没有一点冲击，只是小得微乎其微，毕竟货币基金可以不断地挤入支付宝体系，让更多的货币基金进来，但是规模会非常有限，因为余额宝归根结底还是立足于淘宝客户的用户行为，在淘宝的客户容量有限的情况下，大面积吸引淘宝以外的客户进入体系内，来购买余额宝产品，可能性不是很大。核心原因就在于货币基金的规模盘子要求整体稳定，不能大起大落，笔者认为，支付宝目前的客户群体对货币基金的吸引力也是有限的，频繁的赎回、规模的大小起落不是很符合货币基金的操作原理。所以，在很多商业银行人士来看，货基市场的收益一定会下降，那时也就是宝宝们难受的时候。其次，从商业银行购买货币基金无论从信任度还是从收益率来看，都比支付宝更有吸引力。选择面也更宽、更便捷。最后，我们从历史进程和现实数据更是一点看不出此类故事，况且我们在前文中已经多次指出，余额宝背后的用户多为屌丝用户，要知道，金融永远是属于精英的游戏，它属于一百年前山西票号掌柜，也属于当今华尔街的大银行家们，但是与我们普通人无关罢了。所以，我们认为无论互联网企业战略制定与否，无论为此付出多少资源，某些人所设想的互联网公司颠覆商业银行的想法都是白日做梦，商业银行和坐拥数万亿元资产的金融机构就像大象一样，始终在金融世界中占据强者地位。

前面已介绍过，尽管互联网公司没有动摇银行的地位，但是在很大程度上已经改变了商业银行固有的思维，接受我们采访的一位国有银行电子金融部人士表示，以往高高在上的商业银行电子银行从业人员如今经常进行头脑风暴，一边仔细研究互联网公司的商业策略，一边设想着电子银行发展的方式方法，倍感压力。在研习的同时，商业银行正在积极改变着自己的观念，凭借着自己在商业模型方面多年的经验和实操，迅速取得了不小的进展，“大象已经开始跳舞”，在余额理财方面，从 2014 年年初开始，商业银行纷纷推出各自的活期宝宝产品，有效地抑制了客户零散资金的流失，有的商业银行甚至从用户的属性出发，特别开发出定制化余额理财产品。一个典型的例子就是广发银行推出的“月光宝盒”产品（其界面截图如图 2-10 所示）。

2014 年 9 月，广发银行推出月光宝盒，主打的是余额理财，对接的产品也是货币基金，主要基于移动端开发使用，安卓版本、iOS 版本应用 App 均已上线。这是商业银行系一款非常有特色的产品，从产品形式到内容都进行了诸多创新，融入了社交、娱乐、分享等诸多功能，带有明显的互联网思维和更鲜活的用户体验，掀起了余额理财的新浪潮。

图 2-10　“月光宝盒”界面截图

广发银行的“月光宝盒”最大的亮点就在于精准的目标用户定位和产品场景设计。一方面，月光宝盒将焦点对准压力山大的月光族，不仅帮用户赚取收益，更优先帮用户存入钱，将自身定位在以月光族为代表的广大草根人士量身定制的理财利器；另一方面，除了体验和收益不逊于传统宝类产品，更给力的存钱功能和丰富社交娱乐功能也是月光宝盒的一大亮点。登录月光宝盒后，用户可以设置自己的存款心愿单，不管是大到买房子、车子，还是小到买包或衣服，都可以设置时间规划进行管理，后续可以按照自己的规划为每个心愿增加存款，按步骤实现目标，如果提前取现，则要经历游戏闯关、监督人批准、强制分享到朋友圈等挑战环节。同时，整个存钱理财过程也是开放的社交过程，也可以分享到微信朋友圈等社交平台，与人进行讨论和互动。在利率市场化和互联网“宝”类产品冲击下，众多银行也纷纷出招共谋余额理财，主动拥抱互联网金融，打造形成自己特色和更具吸引力、竞争力的余额理财业务模式，广发银行旗下的月光宝盒正是在这种情境下应势而生，一方面，综合广发银行作为专业金融机构在财富管理领域的研发、投资经验，在产品选择、技术开发、安全上更具保障；另一方面，通过融入更具互联网精神的游戏、分享、监督、交流等功能，帮助用户完成存款心愿，获取远高于活期存款的货币基金收益，堪称一举两得。

综上所述，月光宝盒的推出是商业银行发力互联网渠道销售理财产品的一个信号和标签性产品，可以预计，后续更多的相关产品计划和举措也会陆续出台，我们俨然已经看到了商业银行在面向用户体验时模式上的创新与发展。对用户来说，月光宝盒不仅提供了一种新模式、新选择，更是有效的催化剂，助推行业更多地关注用户不同的需求和个性化体验，加强与用户的沟通，推出更具特色和个性的金融产品。

所以，我们可以看到，过去只看重高端理财的商业银行也在实现逐步下沉，无论是在产品创新上还是在渠道拓展上，均开始发力，新兴的直销银行体系中也开始专门开发余额理财产品“一键购买”功能，未来还会在场景上，尤其是电子网站上融合更多的生活场景，例如，商业银行以出具存款证明为切入点，已经开始与签证服务机构合作推出在线旅游及移民签证服务。

第3章 电子金融，时代背景的产物

金融服务的出现依托于贸易的发展，且自始至终服务于产业和实体经济，这一相辅相成的过程使得金融产品和服务必然带有明显的时代特征和社会元素。几百年来，资本主义掠夺式的贸易促成了现代金融服务业的萌芽，今天世界公平竞争框架下的多边贸易也对金融服务提出了更多的要求。同时，经济的发展也促成了人类社会的变化，人们的知识在不断积累，空闲时间也在增多，当然观念也随之发生变化。

在互联网时代，社交网络成为金融推广和用户体验的崭新平台，以用户为中心的典型表现就是让用户参与产品的服务与设计，这正是所谓的"用户领先创新"，互联网通过改变人的思维和习惯，也进一步引发了人类社交、沟通等本质诉求，进而又对金融服务应用施加影响。

特别是当金融和互联网同时作用于实体经济时，“放大”效应将更加明显。伴随着移动化的发展趋势，移动已经变成产品的载体和崭新网络渠道，运营商的努力使得移动钱包业务蓬勃发展，互联网企业和商业银行也基于自身特点参与到整个移动生态系统中，在不同的领域、区域摸索前行。

经济贸易发展和人类社会进步

人类对利益的追逐创造贸易，贸易的变化促进金融的发展

金融作为商业贸易行为的伴生工具，与人类社会自身的发展演化已经密不可分。从历史角度看，人类每一次贸易的爆炸式进步都会使金融产生剧烈的变化，反之亦然。

在两河文明时期，人类最重要的发明就是文字，而当时的文字则是一种服务于贸易的金融工具，即未来货物交割的合约。近代地理大发现使人们打破了以往时间与空间的界限，真正具有了全球视野，与之相随的是，贸易的发展给欧洲各国带来了空前的繁荣。16 世纪，荷兰凭借低廉的造船成本与海上贸易运费，逐渐垄断了从欧洲到亚洲、北美的海上航运线路，成为举世闻名的“海上马车夫”。随后，为了支持日益发达的远洋贸易活动，1602 年荷兰政府集合民间资金成立尼德兰联合东印度公司。一开始，投资者每年得到分红，并可以赎回资本，但是这种资金供给方式并不稳定，不符合远洋投资高波动、高风险的特性，于是在 1609 年，东印度公司宣布资本不可再赎回，只可转让。为了满足股票转让需要的流动性，世界上第一家股票交易所应运而生。另外，为了提高决定效率和代表性，东印度公司成立了董事会，专门决定投资和分红策略，于是现代永久股份制、董事会制度和股票交易所有了雏形。同年，阿姆斯特丹银行成立，成为世界上第一个多边支付体系的结算中心。1683 年，阿姆斯特丹银行开始提供信贷和

承兑业务。航运、贸易、金融三者有机地结合在一起，成为大国崛起的坚实基础，使得荷兰成为 17 世纪最强大的国家，包揽了超过一半的全球贸易。

18 世纪后期，英国逐渐崛起，为了争夺海上贸易的霸权，英国与荷兰先后爆发了三次战争，最终以英国的胜利宣告结束，荷兰元气大伤。随后英国政府做出最重要的惩罚就是颁布了针对荷兰的排他性航运条例，直接导致荷兰从世界航运贸易中的主导地位下降到仅占 2%左右。工业革命和贸易垄断使世界金融中心逐渐从阿姆斯特丹转移到了伦敦，英格兰银行取代阿姆斯特丹银行成为世界结算中心。

二次世界大战后，世界秩序与贸易形态都发生了巨大的变化，美国正式登上称霸世界的舞台，布雷顿森林体系建立了以美元为中心的国际货币体系，外汇自由化、资本自由化与贸易自由化成为贸易与金融新的发展趋势，而世界金融中心则再次由伦敦转移到纽约。

2011 年，中国超越日本成为世界第二大经济体，正在以势不可挡的姿态成为世界贸易新的中心。为了使金融发展匹配贸易的巨大繁荣，将市场行为的主导权归还给市场主体，加快人民币自由兑换进程，推进税收改革，2013 年 9 月，上海自贸区正式挂牌成立，它被认为是同时具备离岸和在岸性质的金融及经贸服务中心。未来，依托于中国强大的经济实力与发达的贸易往来，上海成为新的世界金融中心指日可待。

人类社会的演进与时代变迁，促进金融创新

前面讲述了贸易的发展和整体经济环境的变化，人类社会发展也是今天金融创新的动力。我们所处的互联网时代，技术和思维观念上的变化在深深地影响着金融创新的进程。

随着社会的进步与发展，全球范围内受教育的人口已经积累起每年超

过 1 万亿小时的自由时间以及海量的知识盈余，甚至是很久以前被排除在外的普通市民都能够利用自由时间从事自己喜欢或者关心的活动。今天，人们开始使用崭新的社会科技，即互联网络，形成了人们同他人联系的接口，这是以往任何媒体传播途径都无法解决和满足的问题。人们喜欢消费，但是更喜欢创造和分享，日积月累的迹象表明，如果你能为他人提供创造和分享的机会，即使他们对相关问题并不是特别专业和特别精通，但仍然会就这些问题与你进行讨论。这就意味着消费已经不是人们利用媒体的唯一方式。

同时，对人们每年消耗一万亿小时的空闲时间来说，任何转变（不管多么微小）都可能是很大一部分时间。因为规模的作用，任何形式的盈余都被积累起来，人们同心协力贡献自己的空闲时间来创造认知上的盈余。2012 年，全世界通过互联网连接起来的人口超过 25 亿人，手机用户超过了 40 亿人，人们生活在一个崭新的历史时期中，当群体和规模足够大时，不可预知的变得可预知。对任何人类活动，无论看上去多么不可能，在人群中发生的可能性都会增加，这就是规模发展的效应。今天，这种规模效应正在作用于金融领域。在本书后续的描述中，我们会越来越发现“规模发展”的重要意义。

最后，以群体的形式尝试新事物，是迄今为止也是将来对社会化媒体最深远的利用，因为公民的价值不会因为社会的突然转型而凸显出来，也不会从个体行为中冒出来，公民价值是从群体的工作中衍生出来的，这些群体起初可能很小，但随着规模和重要性的不断增加，协作圈、社区和实践的方式以及其他方面的群体方式都得以不断优化。

对应着马克思主义经济学的生产力和生产关系理论，移动技术、大数据分析技术代表着生产力的发展，互联网思维实际上促进了生产关系的发展。

互联网社会的建立和以用户为中心思维的形成

互联网不仅仅强调技术和工具的力量，更强调以用户为中心的思维，强调思维决定产品本质。其实商业银行的网络化、移动化的技术进程一点也不比互联网公司慢，但是为什么还是后者更有冲击力，很大原因就是因为互联网公司更懂得用户，更理解用户。从理论上讲，应用方式的可能性并没有固化在工具中，互联网的金融业务其实更多的是金融服务与人们的欲望、生活习惯的结合，欲望就是人类主动参与的渴求，生活习惯就是社交的需求。

以用户为中心的典型表现就是让用户参与产品的服务与设计，参与到金融服务中来。所谓“领先用户创新”，并不是由产品的设计者，而是由该产品最活跃的使用者来推动，因为使用者也许会以一种就连设计师都想象不到的方法使用，并且在协作小组范围内完善更新。在互联网的平台上，用户已经成为内容的主导者和分享的提供者，每个用户的贡献和分享成为这个平台赖以生存的基础。例如，如今流行的 P2P 平台就是依赖所有人的贡献来完成的交易，它能有效地降低金融服务在时间和空间上的接入门槛，让全世界、全网络的人都成为潜在的参与者，众筹平台、投资机构更是如此。

美国一家名为 Motif 的投资网站很好地抓住了客户参与的诉求，使普通投资者有机会变身为基金经理，其推出的 Motif 产品其实就是“投资组合”的概念，通常为某一主题下的股票组合，例如，“3D 打印主题”、“医疗科技主题”、“网络游戏主题”等。客户可以直接购买并持仓一个已有的Motif，也可以自己新建一个Motif，并将它推荐给自己的好友，从而扮演类似基金经理的角色。该网站不像传统基金公司一样收取管理费，而是针对每只Motif收取不足10美元的交易费，以低佣金吸引更多的客户。当顾客自创的Motif取得较好业绩并吸引了一定数量的投资者后，网站还会与顾客进行交易费分成。如今，这家网站已获得摩根大通、高盛等战略投资者超过5000万美元的投资。

在思维上，社交、沟通和共享渗透出人类发展过程中的本质需求，认为只有人才是金融产品创新和金融服务质量提升最根本的驱动力，正是“互联网通过改变人，对金融服务应用施加影响”。公众市场上种类繁多的互联网产品实际上已经改变了我们每一个人的思维。我们每一个人既是社会中的个体，又是我们日常生活中最重要的一项活动——金融服务的参与者，所以人性的因素也要求金融产品融入互联网思维。综上所述，正是人类的认知实现了金融产品的互联网化进程，从而最终实现了产品的优化和服务的提升。

当用户成为主导者的时候，社交自然就发挥了其特有的力量。社交网络最初指的是为一群拥有相同兴趣与活动的人创建在线社区。社交服务往往基于互联网，为用户提供各种联系、交流的交互通路，如电子邮件、实时消息服务等。此类网站通常通过朋友一传十、十传百地把网络延展开去，极其类似树叶的脉络，因此被称为社交网络。多数社交网络会提供多种用户交互的方式，可以为聊天、寄信、影音、文件分享、博客、讨论组群等。

社交网络在客观上有效地将全球的互联网用户有机地联系在一起，这样的规模效应将产生巨大的积极作用，因为规模上的变化意味着曾经不可能的事情，曾经不太可能的事情变成了可能。互联互通的网络将人类的自由时间和知识盈余看成一种共享的全球性资源，并通过设计崭新的参与及分享方式来利用他们为人类社会的发展带来巨大收益。同时，数字网络不断增加所有媒体的流动性，原本只能在单向媒体和双向个人媒体间进行的选择，如今扩展出了第三个选项：从个人到公众的可延展的双向媒体操作。各个群体可以像广播一样在媒体环境下进行交流和对话，并且借助这样一个双向流动性的平台，所有传统的媒体都是可以相互转化的。

社交技术的这种特点和社会属性带给金融最大的亮点主要是广泛的参与度。目前，社交软件已经成为网络第一大流量的来源，而社交网络已成为人们生活的一部分，在人们的生活中扮演着重要的角色。人们通过社交软件获取信息、展现自我、营销推广，社交软件对信息获得、思考和生活已经产生了不可低估的影响。由于社交网络的用户数量巨大，用户黏性高，社交软件成为重要的宣传渠道和流量来源。

社交作为互联网思维中最重要的因子，再一次以一种崭新的形式引爆了人类最本质的诉求，就是沟通、争抢和赌博。微信新年红包之所以能够被争抢得那么厉害，就是因为它只能被朋友圈中有限的用户抢得，所以才会引起用户始终保持关注。同样是微信客户端的游戏“天天酷跑”，从游戏本身来讲，和 20 世纪 90 年代初小霸王游戏机上的赛车游戏并无两样，但是植入微信朋友圈之后可以加入排名功能，一下点燃了玩家的兴趣，很多用户为了争抢排名反复参与，这反映的实际上是人们的一种赌博心理。

Facebook 的金融帝国

曾经有人提过，如果将 Facebook 比喻成一个国家，那么它将是全球第三大国。在一个国家里，金融是重要的组成部分，同样，Facebook 也从未放弃过在自己的这个社交大国里发展金融的想法。

早在 2009 年，Facebook 就曾尝试开发自己的货币——Facebook Credits。用户通过 Facebook Credits 可在 Facebook 平台近 200 款应用

上购买虚拟商品。另外，Facebook 还与 Electronic Arts、Zynga 等游戏公司以及应用、慈善机构等签约，使 Facebook Credits 成为 Pet Society、Restaurant City 和 FIFA Superstars 等游戏与应用的专用支付方式。尽管当时 Facebook Credits 不能进行购买机票等大额支付，但已经有很多新闻网站使用 Facebook Credits 让读者付费订阅新闻或特殊视频。Facebook 预计，随着向用户推广使用其虚拟货币，Facebook 与用户之间的关系将进一步稳固，从而避免 Facebook 重蹈另外两家社交网络先驱 Friendster 和 MySpace 用户大量流失的覆辙，同时这一策略还能够与用户的信息相结合，帮助个体用户将其自身的社交资源货币化。传统的页面浏览量统计和 Twitter 关注，很难追踪个体在整个社交图谱中的影响力，但是 Facebook 拥有近 7 亿用户，其独一无二的霸主地位能够让企业更好地与消费者展开互动，既可以让用户协助其进行品牌推广，并给予用户一定的奖励，同时也可以从用户这里获得建设性意见以改善其服务质量。本地家庭主妇之间传递的优惠券、网络链接以及产品点评的信息对消费者的消费指导功能将远远超过社会名流引领的风潮。因此，在各地极具影响力的小组织也可以通过 Facebook 平台将其信誉货币化。

Facebook 对其金融发展的设计是从游戏逐步推广到线下，并进入用户群体生活的各个方面。Credits 的开发人员曾表示："社交游戏是虚拟货币最先进入的领域，但在将来 Facebook Credits 将遍布各行业。"由于其庞大的用户群体，不少研究机构都指出社交金融将会快速发展——Forrester Research 的资深分析师 Augie Ray 提出："随着 Facebook Credits 用处的不断扩大，Facebook 将发展成自己的经济"。

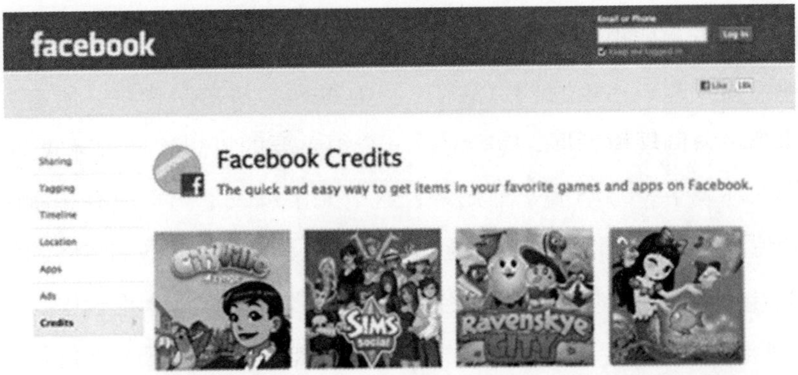

根据Facebook的数据显示,2011年有1500万用户购买了Facebook Credits，在线支付业务对Facebook营收的贡献已经达到15%，然而正是由于金融业务对Facebook的未来非常关键，因此，Facebook希望采用更加稳妥的方式推进社交金融的发展，而不愿承受风险去推广未得到充分测试或未得到证明的货币。2011 年，为期 3 年的测试结束后，Facebook已经放弃Facebook Credits，而用户的支付将直接以美元，或是用户所在国家的本地货币结算。

直到 2014 年 4 月，Facebook 才终于又一次推出了社交金融服务——Facebook 在爱尔兰推出的支付业务。Facebook同移动开发者的关系由于长期合作的原因变得非常融洽和牢固，同时在相关市场又缺乏真正有实力的竞争者，因而，Facebook就很有希望在移动支付市场创出自己一片天地。和早前Facebook Credit不同的是，在推出此项服务之前，Facebook已经与至少三家提供互联网和手机国际汇款服务的伦敦初创企业洽谈过，包括Transfer Wise、Moni Technologies和Azimo公司确保服务的稳定性。同时，这一次Facebook公司获得了爱尔兰监管部门的批准，支付业务的服务包括使用存入Facebook账户的资金进行支付和汇款，这些电子货币将在整个欧洲范围内有效。这意味着，Facebook的金融体系将广泛流通于整个欧洲。

还有一点需要提及的是，互联网思维影响着现有商业模式，即：边际收益递增模式形成。当我们生活在一个互联网经济的时代里，所有新的商业主体都在强调规模发展，其实背后一个很重要的思想就是边际收益递增。在互联网环境下，每增加一个元素，这个元素可以是一个现有金融服务的新参与者，也可以是一个完全崭新的金融产品或服务，整个网络的能量都将发生倍增，这也就是互联网的经济规律。比如，在 P2P 平台中，每增加一个用户，都会增加一次借贷交易成功的可能性；在第三方支付的交易平台上，每增加一个用户，整体的交易成本也会随之降低。同样，在商业银行理财产品中，每增加一个用户，对应资金池资金的增加也预示着整体收益有可能增加。

两个“放大镜”共同作用于产业经济

当人们观察一个事物的时候，经常会使用放大镜，这样看事物无疑会更加清晰，但是一旦我们把放大镜拿反了，看事物反而会模糊，起到相反的效果，所以，如何使用放大镜的方法至关重要。同样，对于实体经济、产业经济来讲，互联网和金融行业都能够起到“放大镜”的作用，当互联网“拥抱”金融的时候，实际上是两个“放大镜”的效果叠加。下面我们就分析一下两者叠加产生的效果。

与零售、通信行业相比，金融业务本身就是市场经济社会中最高的经济形态，处于社会经济链条的最上游，对下游的所有产业都起到至关重要的作用，金融行业对实体经济支撑得好，金融工具使用得好，会给实体经济的发展带来非常大的促进作用。反之，金融行业发挥的杠杆效应过大，伴随的风险也就越大，就有可能严重影响实体经济运行的平稳性，特别是当资本的劣根性发生强烈作用时，甚至会造成严重的经济危机。具体地讲，金融服务于实体经济主要体现在以下几方面，一是从融资渠道、工具、总量等多方面有效地支持基础设施、重点产业、民生工程等重大项目建设，有效促进经济转型升级，保持经济稳定增长。同时也就伴随着银团贷款、中期票据、产业投资基金、地方政府债券、保险资金运用、债券投资计划、海外发行人民币债券等多种金融工具发挥相应的作用。二是金融从多方位、多渠道发力，能够解决为激发市场运营活力发挥重要作用的小微企业的融资困难，充分发挥多层次资本市场直接融资的作用，兼顾间接融资体系。

可以说，任何一个国家从低收入走向中等收入进而迈向高收入水平发展的过程都得益于金融行业和金融产品的发展演进。更多的要从金融环境、创新环境等方面寻求动力源，以金融产品、服务和机制创新为基础，促进科技、产业融合创新发展更有利于构建支持转型升级的体制机制和文化环境，形成要素组合的新优势，是欠发达地区实现跨越式赶超最好的路径。

从另一个角度来看，金融有时也会对实体经济产生负面影响，核心问题就是过度投机。因为资本永远是向着有利润的方向演进的，哪个行业利润高，那么这个行业就容易产生投机行为，但利润越高，投机产生的风险就越大。投机需要大量的资本来支撑，对那些高利润的行业，必然存在利润过高和规模过度膨胀的现象，在资本不足的情况下，杠杆交易成了投机者最好的工具。所以，我们看到在很多国家和地区的房地产领域都广泛存在着杠杆交易，杠杆越高，投机活动就越密集，最终，疯狂投机打破了原有的经济平衡状态，当资本获利撤出或市场出现严重过剩后，问题或危机也就随之而来。一旦发生严重的杠杆交易，资本数额实际上就会是实际出资额的几倍甚至几十倍。记得在美国经济危机前，房利美和房地美的杠杆率高达 62.5：1，最终导致经济社会的动态失衡。所以，也就是说，当出现系统性金融风险，或者当金融工具严重使用不当的时候，反而会产生更不好的效果，这也是一种放大效果，只不过作用相反。所以说，金融就像是一个放大镜，关键看使用金融工具的人是否用好。

与金融非常相似的就是，互联网对于实体经济、产业经济同样起到了“放大器”作用。我们在本书的前面多次提到，互联网行业的技术特点决定了它能够以很低的成本和极快的速度对产业经济产生影响：宝洁通过互联网联合全球的科学家开发下一代产品；小米通过互联网渠道三年实现一亿部手机销量；各行业商家通过微信公众号完成产品的售后服务等都是典型的体现。当然，犯罪分子也在利用互联网危害社会，跨国网络诈骗层出不穷就是最好的例证。

那么，当互联网“拥抱”金融的时候，两个“放大器”自然而然地发生了叠加作用，同时，互联网技术的发展和互联网思维的作用，给金融行业的混业经营、融合发展带来了机会，我们已经看到电信运营商、互联网公司等非金融机构也参与到金融服务中，伴随而来的是整个金融行业的效率提升和安全系数同时放大。金融领域混业经营还是专业经营，从历史角度讲一直是一个交替的过程，这种相互交替必然是既满足实体经济的需要，又要兼顾经济风险的考量。

移动化引领趋势，业务和渠道重新定义

20 世纪末，借记卡、信用卡等塑料卡片有效地取代了现金，成为那个时代技术发展的产物。今天的移动互联时代，移动计算成为主流趋势，它所推动的金融产品和服务也在悄然发生着变化；互联网、手机终端已经成为我们日常办理业务最主要的渠道，对应到金融服务领域，提供金融服务的手机硬件和 App 遍布整个地球，充满着我们的空间。

移动技术让金融服务唾手可得，因为手机成为推动信贷的一个渠道，例如，使用智能终端可以让开设账户更加方便，基于此，银行及金融机构都能以更低的综合成本向用户发放贷款，前面讲述的 M-Pesa 就是典型的证明。同时移动技术也促使货币回归到了其最原始的本质，因为无论是纸币还是硬币，其最终代表的就是一堆可以交换的数字，是一种完全交换的信息。技术的变化自然引发了用户使用习惯的改变，因为当人类所有的服务和体验都在向着移动端迁移的时候，人们日常使用度非常高的支付和金融行为必然也会转向移动端，并且透过金融服务更深地渗透到其他行为中。支付和金融服务移动化之后，数码货币将在全球范围内更顺畅地流动，它不仅仅是纸币和硬币的替代品，也带来了一种选择和自由，因为人们可以通过手机等移动端设定多维的流通性。比如，使用范围可以设定到具体的项目；交给孩子账户上的钱可以设定只能用于购买学习用品；同时还可以设定使用时间和地理范围。比如，通过手机可以设定货币只能在晚上 11 点之前使用，或者只能在家附近两公里范围内，这一切都将给用户带来更多

的实惠和好处。互联互通的货币将改变以往烦琐的多卡结合。目前，在世界范围内，只要拥有一部手机，人们就可以实现所有的交易和资产管理。这一切发生在世界的每一个角落，无论是在金融高速发展的纽约、伦敦，还是金融基础设施依旧很落后的肯尼亚。当技术演进逐步推进的时候，所有的人都必须跟上步伐，无论是传统商业银行，还是金融服务领域新的闯入者，无一例外。

顺应技术潮流的移动钱包业务

从本质上讲，当移动化趋势使手机成为人类生活最重要的工具时，手机就顺理成章地成为金融服务的载体，人们在使用手机从事基本的沟通、阅读、社交工作时，自然而然地希望能把金融服务关联在一起，移动钱包的产品便应运而生，其形式可以是硬件的，也可以是软件的。

移动钱包是一个多重时间、多种服务的融合。首先，移动钱包把预付费卡、现金和信用卡业务完全融合在一起，三种完全不同的金融产品业务形态在手机上实现了融合；其次，移动钱包在承载支付、理财等金融账户基本功能的同时，也可以嵌入更多的增值服务模块，尤其是生活场景和会员卡模块，而此时如果有更多的应用能够“进驻”到移动钱包中，例如，城市公交、交通运输、票务等，无疑都进一步推动了手机钱包成为生活助手的源泉，会员卡的汇聚和基础生活应用的加载也是移动钱包得以普及的最好方式之一，无论是对于创建中的品牌，还是那些已经有很好的影响力的品牌。最后，随着用户使用移动钱包的频度越来越多，用户的移动钱包里将产生海量数据，交易信息、财务信息、位置信息，甚至是个人偏好信息等，在理论上，这些将成为商业推广和精准营销最重要的数据来源，一旦有效地加以运用，将会产生非常高的商业价值。

移动钱包之所以成为所有梦想着成为综合平台服务商的企业最好的切入点，究其原因，支付与金融是人们日常生活最重要的一个生活元素，同样是通过互联网渠道分享，为什么“微信红包”产品会迅速点燃，因为它传递的是没有任何使用限制的货币，可以无限制地使用。移动钱包一旦平台化运营之后，也会逐渐开放，一方面，在生态圈中叠加合作伙伴的插件，丰富用户的使用场景，从而带来直接和间接的收入机会，另一方面，更需要提供电子商务的 API，允许开发者能够在平台范围内提供更多的应用，特别是基于位置的移动渠道，不断满足商务和公众市场的需求。

运营商迎来机会，走出自己的道路

尽管我们多次谈到移动钱包更多地是为了满足运营者自身主营业务的需求，但是从这款产品本身来讲，还是有它自己的收入流与现金模式的，主要包括广告、会员卡、交易手续费以及数据资产变现等方式，目前最主要的来源还是交易手续费等相关收入，另外，还有电信运营商手机卡空间租赁收入，前者主要还是商户来承担。当然，业务推广早期也会有推广方面的优惠和补贴；对后者，也就是卡空间，则完全是电信运营商的模式。

之前本书一直在讲述运营商在发展电子金融服务时的尴尬，但说到移动钱包业务时，我们终于要说一下，移动化的进程给了电信运营商开展金融业务一个非常好的机会，无论是电信运营商掌控的手机终端，还是电信运营商常年积累下来的遍布各级城市的线下渠道，甚至是运营商多年形成的线上线下服务体系，都是非常宝贵的资源，当然最重要的还是智能手机和 SIM 卡渠道。从用户行为上看，手机终端从最初的仅仅是语音交流的工具逐步演变成为个人生活乃至个人行为助理，在人们日常生活中的重要性不断提升。目前，伴随着产业链的不断完善和升级，运营商已经全面进入 NFC 时代，一个最明显的现象就是中国三大运营商借着 4G 升级的时机，所有的 SIM 全面升级 NFC 制式。进入 NFC 时代，电信运营商 SIM 卡的容量不断提升，从最开始的几十千兆字节增长到现在的 1024KB，按照一个应用占用 30KB 计算，最多可嵌入 40 个应用，那么电信运营商自然希望在手机卡中融入更多的业务模块，借此提升自己在移动金融以及智慧生活服务商中领导者的地位。目前，电信运营商已经全面将 NFC 手机终端模拟成为一张普通的非接触卡，用于支付、票务、门禁、考勤等场景，也就是在一张 NFC 卡中承载银行卡、公交地铁卡、第三方支付业务和预付费卡，以及会员卡和电子票据。从卡空间租金的谈判进展来看，目前各方为第三会员卡和电子票据付费的可能性还比较大，商业银行一般来讲还是愿意为活跃用户付费的，至于公交一卡通业务，运营商最好把它当作纯粹的管道，具体情况如表 3-1 所示。不过运营商也有很大的发展空间，例如，商业银行服务提供商可以通过交叉销售增值业务服务的方式，运营商也可以借用自己的语音和流量产品支撑远程支付产品。

表 3-1　运营商 NFC 卡空间账户类型

业务类型	商业模式	支付账户	效益	应用场景
银行卡	银行只愿意为活跃账户付费	银行账户	增强用户黏性	车站、学校、零售、医院等支付场景
公交地铁	合作伙伴地位强势	公交部门自有账户	中等，体现在有效增强用户黏性	用户乘坐公交和轨道交通
第三方支付业务和预付费	可行性强，为合作伙伴提供支付渠道	第三方账户	较高，增强用户黏性，支持小额支付	火车站、机场、学校、零售、医院
会员卡和电子票据	可行性强，为合作伙伴提供渠道		较高，可直接收取服务费用	现有依托发展会员的企业

移动钱包生态系统

本书前面曾讲述过第三方支付的生态圈，其中谈及生态圈的各组成元素如何在生态产业链条中发挥各自的优势来参与竞争和合作，在移动生态圈系统中，仍然是这些角色的舞台，互联网公司依旧进行着颠覆，商业银行也依然在一步步地改变和更新，但是与第三方支付生态圈不同的是，特殊的技术和商业背景造就了他们不同的地位和话语权，不过我们还是可以将生态系统中的角色区分成为攻守两方，也就是我们今天社会上的热点，即互联网改变传统行业，分别对应着其中的两方。在分析各方思维之前，我们还是再次强调本书中一个很重要的观点，即在移动钱包的生态系统中，对所有的参与者来讲，移动钱包并不是最重要的目的，最终目的还是为了促进各自主营业务的发展，比如，谷歌的移动钱包业务是广告业务模式的延伸；对苹果公司来讲，移动钱包的目的也是为了增强硬件设备的黏性和生态系统的垂直整合；对绝大多数运营商来讲，移动钱包业务更多地考虑用户忠诚度等间接收入。

- 互联网公司从品牌切入，凭借“关系”的力量

一直以来，移动金融服务的载体是手机硬件，早期的短信支付以及网络银行的密钥都是通过手机短信完成的，但是今天随着移动互联网技术的演进，软件逐渐走向前台，很多金融产品和服务的载体和形式慢慢开始向软件转移，无论在功能上还是在业务覆盖面上都已经超越原来的实体产品。在 OVUM 一项针对电信用户的调查中显示，产品、价格对比、商业应用和社交应用定位更受关注，所以，手机钱包中如果涵盖了更多以信息为主的应用，并具有广泛的关联性无疑将更受欢迎，在这方面，互联网公司也是最有优势的，互联网公司有更多的用户，自然也就有了更充足的关系。同时，从应用关系角度来看，基于软件的产品更能够深入做到将金融服务公司与他们的客户建立直接的应用联系，所有的竞争者都将在关系扩散层面上开辟新的战线，因为他们将在销售过程中直接影响消费者，更加紧密地与消费者进行沟通，带来更能凸显各自产品优势的增值服务，因为互联网

公司保存着一种“关系”。

所以我们能够看到，当苹果这类高科技公司开始涉足金融服务业的时候，这是一个时代的跨越，并且这个跨越非常顺畅，因为苹果的 iTunes 商店拥有 8 亿用户，每个用户都有信用卡，腾讯游戏有接近 5 亿用户，每个用户都有游戏付费需求，他们都可以直接从信用卡上划账付费，每天还都有新的用户加入这个网络。同时，这些公司所处的产业链位置也非常特殊和敏感，就是恰好存在于商品和金融服务之间，也就是所谓的更趋于场景化，那么每一部 iPhone 手机和“微信钱包”实际上就已经成为另一个 iPhone 手机和另一个“微信钱包”的 ATM 机，且融入了增值服务功能。

说到建立在关系层面的移动金融服务，这里还要特别提及一下苹果公司，每当苹果新品发布的时候，无论是在巴黎，还是在墨尔本，都会有大批的果粉守候在首发专卖店门口等待，足见消费者对苹果产品的渴求，百万台以上的 iPhone 6 销量和 8 亿多 iTunes 用户足以证明。回到金融服务层面，苹果公司在移动支付和金融领域也是“软硬结合”，全面布局移动支付和钱包业务。本书的前面章节已说过，线下的商业空间肯定是更大的，所以阿里巴巴、腾讯等公司在获取到一定互联网第三方支付市场份额之后，便开始积极布局线下支付，而对苹果公司而言，本身就是硬件生产厂家，所以在苹果公司开拓移动钱包业务的时候，它实际上已经扮演着数字设备生产商和内容提供商的双重角色。

从硬件层面来看，伴随着 iPhone 6 的全球发布，Apple Pay 从硬件角度融入苹果钱包产品中，并选择 NFC 作为硬件的技术路径，顺应了近场支付的发展趋势。凭借苹果公司常年的品牌优势迅速集约了万事达、维萨等卡公司服务，同时丰富的线下渠道还覆盖梅西百货、麦当劳等购物场所，这些商店在全美有 22 万个实体网点，加上苹果公司在全美市场范围内的 258 家门店成为推广移动支付最好的渠道。最后还有一点需要提及的是，一贯强势的苹果公司把在运作应用商店时的商业模式带到了移动钱包合作过程中，将从每一笔消费中提取一定比例的手续费，这在竞争激烈的第三方移动支付生态圈中实属难能可贵。

再看软件层面，苹果本身构建的就是一个封闭的生态系统。已经运营6年的苹果 App Store 应用商店 App 总数已经超过 120 万个，下载总量达 750 亿次，平均每秒就有 800 个 App 正被下载，平均每个 App 被下载 6.2 万次。2014 年 7 月，全球共有 900 万名 iOS 开发者，同比上涨 47%。这样丰富的生态本身就是苹果移动钱包业务的使用场景，加上苹果与大量合作伙伴合作推出集成的数字会员卡、优惠券等，构建起完整的生态系统，基于此建立起来的 Passbook 软件支付业务自然就有了好的发展空间。

更重要的是，苹果引领了移动支付 App 化的趋势，这种用软件替代硬件的理念彻底改变了移动支付必须经过电信运营商的情况，App 所具备的低成本、易推广的优势帮助移动钱包普及，也给商业银行和互联网企业带来新的机会。App 的大量普及、移动互联的金融网络彼此相连，手机自然也就成为一个移动的账户，包括商业银行在内的金融机构正在将账户一步步地迁移至手机 App 上，这种趋势在手机渗透率是银行账户普及率 5～10 倍的发展中国家更加明显。据预测，到 2020 年，我们完全可以认为银行账户就等同于手机，手机 App 将成为未来十年世界范围内基本的银行账户。作为一种结合了货币电子化与移动通信的崭新服务，移动银行业务不仅可以使人们在任何时间、任何地点处理多种金融业务，而且极大地丰富了银行服务的内涵，使银行能以便利、高效而又较为安全的方式为客户提供传统和创新的服务。

基于苹果 iOS 和安卓操作系统的开发提升了整个智能手机的普及程度，大量 App 的开发使得金融机构的业务完美地与手机硬件相结合，提升业务融合度和用户感知度。手机银行的不断丰富也得益于智能手机的普及以及

App 的大量发展。可见，移动已经成为金融服务最重要的因素之一，在这样的发展背景下，无论互联网金融浪潮下的哪一个派别，都会在这方面下工夫，我们今天可以看到腾讯、百度等互联网巨头已经完全实现了移动化转型，商业银行的手机客户端和手机银行的用户数量已高速上升，运营商在压力和机遇面前更是将移动硬件的优势发挥到极致。

- 商业银行，业务发展略显尴尬

商业银行作为金融服务的提供者，其移动钱包业务的载体也一直在发生着变化，从互联网银行到今天的移动钱包业务。但是也许是由于内部机制的问题，也许是由于业务繁杂、信息系统缺乏灵活性的原因，信息化投入最早也最多的商业银行总是没有做到最好。

我国商业银行在开展手机银行业务，从最开始的依靠短信指令的手机支付，到后来基于 WAP 的手机业务，再到今天的依托在智能手机平台上的客户端软件，一路走来，技术的不断演进带来了商业银行手机业务的迅猛发展，实现了手机银行用户数和交易额的双丰收。以招商银行为例，2013 年，招商银行继推出 iPhone、Android 版手机银行及 iPad 平板银行以来，进而推出了 Windows 8 平板银行，受到客户广泛好评。截至 2013 年年底，手机银行客户端累计下载量已经突破 2200 万次，手机银行登录次数达 2.66 亿次，同比增长 216.16%，手机银行用户群、交易量、手机支付发展迅猛，客户活跃度得到大幅提升。手机银行签约客户总数已达 1569.03 万户，同比增长 62.34%，其中交易活跃客户达到 544.01 万户；累计交易（不含手机支付）5135.60 万笔，同比增长 294.97%；累计交易金额达 10774.34 亿元，同比增长 165.42%。手机支付累计交易 2.08 亿笔，同比增长 259.89%；累计交易金额为 590.78 亿元，同比增长 443.10%，如图 3-1 所示。

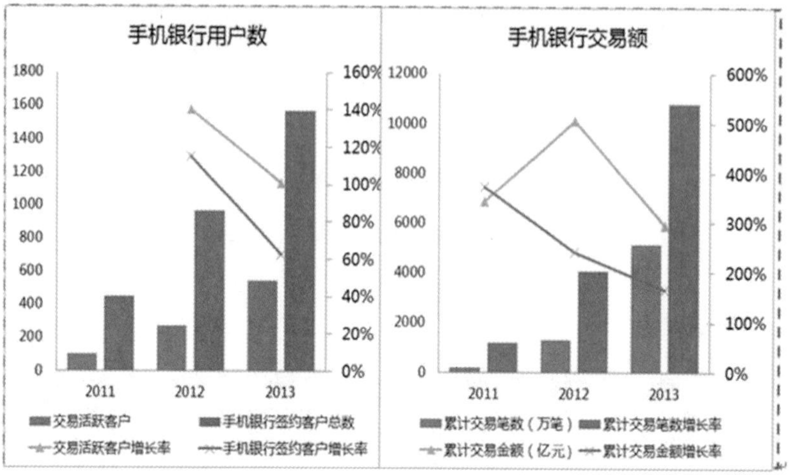

图 3-1 招商银行手机银行数据

可见，在我国目前的商业银行运行状态下，针对个人用户和企业用户的手机银行业务已经发展到一定程度。不过多样的终端适配性和功能，以及年报中闪亮的数字都不能掩盖商业银行中手机银行的尴尬，原因就是商业银行只是把银行的柜台业务迁移到互联网上一样，移动化的进程也只是将业务迁移到手机客户端上，所以商业银行的手机客户端实际上成了鸡肋产品。顺应移动互联时代，商业银行也开始搭上互联网公司和运营商发展的平台上，聚焦自己的核心业务，例如，在微信平台开通公共服务账号，租用电信运营商的 SIM 卡空间等。

移动本身就是一种渠道和网络

当支付、理财等金融服务以手机和移动 App 为载体出现在我们面前的时候，它本身就已经成为一个渠道，遍布在全球的 12 亿部智能手机便构成了一个全球最大的分销网络，超越了地理和民族的界限，远远强于报纸、电视等传统媒体方式。要知道，目前为止，全球范围内 62 亿个移动连接点、

14 亿户电视用户、17 亿名印刷版报纸读者、22 亿名互联网用户，而移动互联网用户达到了 12 亿名之多，移动手机已经成为全球范围内商业银行最大的渠道网络。同时，移动手机也成为人们日常消费中最重要的方式和渠道，从用户使用时间和适用范围上看，移动 App 都是一个大的趋势，我们可以看到，在美国，平均每个智能手机用户一天使用 74 分钟，甚至有 75%的用户在浴室还会使用。移动互联网在跨过了地理障碍的同时，也逾越了各个国家和民族之间的文化鸿沟。这样一个分销网络对于金融业务的发展起到了巨大的作用，理所应当更好地与手机硬件结合起来。

无论是在北京的出租车司机，还是在意大利米兰的名模，无论是牛津大学的学生，还是肯尼亚超市的收银员，抑或是纽约的银行家，一张移动互联的金融网络将大家彼此相连，全世界所有的人都可以通过商业银行的手机银行彼此转账，实现交易。可以毫不夸张地说，手机银行已经彻底改变了人们的用户行为，消费者最期待且最常用的银行业务处理方式已经从互联网以及其他的传统渠道转移到了移动手机上，.comScore 实时跟踪预测移动手机银行业务每年以 74%的速度上升，到 2015 年，将有 50%以上的美国银行用户使用手机处理日常业务，而在 2012 年，这个数字只有三分之一。

移动化最重要的一点还是金融服务去中心化，实现金融服务的全面自由化。如果我们将现有的银行分支机构当作一个网络，分支机构就像是一个交换机，可以进行上下级的管理，但是当手机金融出现的时候，手机终端本身就已经成为一个银行，人们将习惯 P2P 贷款和 P2P 支付，就像今天的社交网络一样，所有的人将在统一的平台上进行支付和金融交易，不受时间和空间的限制。

当移动化渗透到金融服务的时候，运营商终于找到了自己的机会。归根结底，运营商发展手机钱包还是要借助自己在硬件领域和渠道上的优势。商业的本质都是一样的，优质的渠道资源永远是生意做好的保障。我们还是强调移动本身就是一种最好的渠道，无论是硬件层面的终端，还是软件层面的 App。同时，电信运营商近年来一直受到互联网企业等 OTT 厂商的威胁，通常的说法叫作管道化，这个词也是电信运营商难以接受的定位，但这毕竟是一个时代产物，在某种程度上做好管道化也是运营商的首要任务，那么在移动支付和金融这样的增值业务领域，首先充分发挥运营商的管道优势，迅速积累客户也是非常有意义的，一个明显的例子就是日本运营商 DoCoMo 在 2004 年开始做的手机钱包业务。下面简要分析一下这个案例，意在为发展中的中国运营商以及以日本移动互联业务为借鉴的中国互联企业提供一些参考。

日本运营商 DoMoCo 的手机钱包应该完全符合移动钱包的初衷，即成为用户日常生活中最便利的生活助手，以小额支付为主，面向生活中的每一个细节，从购物到日本航空的机票业务，内嵌有交通卡和会员卡，同时还可以充当门禁等身份认证的功能。从策略上主要包括两点：第一，选择小额支付作为业务发展切入点，因为从用户的使用习惯来看，1000 元以下的消费用户一般都使用现金，所以 DoCoMo 从这里切入，一举赢得用户数的激增，到了 2008 年，小额支付卡的数量达到 9000 万张，而同期 DCM 信用卡数量仅为 1500 万张。第二，日本运营商非常善于整合资源，尤其是在业务发展初期，一定会选择用户黏性最好的业务进行合作，那么顺理成章地优选公共交通和零售商店，这也是符合日本城市发展特色的，在公交领域 DoCoMo 与日本公交领域的三大巨头东日本铁路、西日本铁路和 Kanto 私营铁路全面合作，尤其是与东日本铁路合作推出的 Suica 效果最好，到 2010 年年底发卡量达到 2840 万张，渠道网点数量达到 8.1 万个门店。这让我们想起中国运营商早期拓展公交客户时的情景：首先，紧紧拽住公交和地铁应用，即使是面对强势的公交体系，仍然选择联合，要知道在和公交公司合作的过程中，20 元人民币的成本费用是需要运营商自掏腰包的；其次，DoCoMo 的合作对象还包括零售领域。第 1 章已经提到，日本便利店文化催生出了快捷支付习惯，所以零售店也是合作很好的选择，2010 年年底，与 Aeon 的合作发卡达到 1300 万张。

在有效地积累初期的用户数量之后，此时 DoMoCo 的支付能力和规模也都得到提升，随即拓展围绕支付的延伸服务，主要聚焦在会员卡、积分卡等积分服务，不断更新和丰富应用场景，其手机钱包业务产品基本上覆盖了日本消费者最主要的小额消费领域，而且每一种产品都有特定的消费用户群体，秉承着合作精神的策略取得非常好的效果，我们在手机钱包的所有产品中，都能看到非常清晰的合作思维，所有的产品中，DoCoMo 基本上都是手机渠道的提供者，生态系统的搭建者，因为 DoCoMo 明白生态系统的重要性，详见内容如表 3-2 所示。

表 3-2 DoCoMo 合作伙伴

	Edy 通用电子货币	Mobile Suica 交通支付	Mobile Nanaco 便利店支付	Mobile Waon 零售商场支付
产品特征	是 bitWallet 推出的使用非接触式 IC 技术的预付型电子货币，结账时只需在终端机上轻轻一扫，便可简单、快速地支付，起初是采用实物卡形式，2004 年，DoCoMo 将 Edy 纳入到手机钱包业务体系中。Edy 手机支付与实物卡的功能及支付权限完全一样，单次刷卡最高 25000 日元，卡内存放金额最高 50000 日元	Suica 是东日本铁路推出的预付费电子货币卡，最初主要用于轨道交通及公交车，随后逐渐延伸到便利店、超市、消费场所的小额支付。2006 年，DoCoMo 将 Suica 纳入到手机钱包业务体系中，推出 Mobile Suica 服务，Mobile Suica 取代传统卡片主要用于轨道交通刷卡上，同时在东铁 Suica 加盟门店也可使用	Nanaco 是 7-11 便利店集团推出的预付费电子货币卡，专门用于 7-11 便利店的消费，Mobile Nanaco 是其手机支付形式，可在有 Nanaco 标识的 7-11 门店进行手机支付。该产品的卖点在于顾客通过它消费能够获得更多的 7-11 积分，积分再转化为电子货币	Waon 是日本百货巨头 AEON 推出的一款预付费电子货币联名卡，专门用于旗下百货公司、大型零售卖场、超市的购物消费，Mobile Waon 是其手机支付形式，可在 AEON 旗下商场进行手机支付。该产品的卖点在于顾客通过它消费能够获得更多的 AEON 积分，积分再转化为电子货币

续表

	Edy 通用电子货币	Mobile Suica 交通支付	Mobile Nanaco 便利店支付	Mobile Waon 零售商场支付
客户群体	20～39 岁之间的消费者是 Edy 手机支付服务的主要用户群，i-mode 及其他社交网络的在线支付用户	鉴于日本的轨道交通出行习惯非常成熟，25～45 岁之间的上班人群是 Mobile Suica 的主要用户群	30 岁以下学生和上班族，占其顾客总量的 80%，Mobile Nanaco 的用户数占 Nanaco 总用户数 10%左右	Mobile Waon 的用户数在 130 万人至 200 万人之间，以女性和高消费群体为主要服务对象
合作模式	DoCoMo 负责手机支付的加盟门店拓展与终端改造工作，参与推广该产品，相当于 Edy 电子货币的手机支付渠道；bitWallet 作为电子货币提供方，负责电子货币的整体运营管理和推广工作	DoCoMo 的 Felica 手机钱包平台与东日本铁路的 Suica 后台对接后成为 Suica 卡的手机使用渠道，并负责 Mobile Suica 的宣传推广工作；DoCoMo 的收益来自顾客在周边消费中的部分提成；东日本铁路负责电子货币的整体运营管理和推广工作	DoCoMo 用户电子钱包账户与 7-11 的 Nanaco 账户之间相互独立，没有关联关系，也不参与业务宣传推广工作，只充当 Nanaco 卡的手机渠道，DoCoMo 盈利来自 7-11 使用 Felica 网络的服务费	DoCoMo 用户电子钱包账户与 AEON 的 Waon 账户之间相互独立，没有关联关系，也不参与业务的宣传推广工作。所以，DoCoMo 只充当 Waon 卡的手机渠道；DoCoMo 盈利来自 AEON 使用 Felica 网络的服务费

随后，日本运营商在移动金融服务领域迈出了更远的一步，做起了手机信用卡业务。初期，DoCoMo 采用向金融机构注资的方式，分别注资 1000 亿日元，获得三井住友信用卡公司 34%的股份，以及注资 10 亿日元，获得瑞穗银行旗下 UC 卡 18%的股权，借此弥补了金融能力短板。随后，在合作伙伴范围内，采用平台化运营的方式与金融界形成广泛合作，借此共享客户、营销、服务、支付渠道等资源。在此过程中，DoCoMo 构建 iD 移动信用卡平台，形成手机支付与银行间结算清算的中心。随着 DoCoMo 对信用卡领域的逐步渗透，DoCoMo 扮演的角色在不断改变，终于在 2006 年 DoCoMo 作为发卡方发行自有品牌信用卡——DCMX 信用卡，具有实物卡片版和手机电子版两种形态。这样一个发展路线依然成为国际上主流运营商学习模仿的榜样。在中国，我们已经看到中国移动 2010 年入股浦发，2012 年与银联合作推广支付，我们也期待着中国运营商的“沃”和“天翼”品

牌的手机信用卡产品早日问世。

任何业务中，新的闯入者都有一个时间点的问题，比如，在移动支付领域做得比较好、比较出彩的算得上非洲的 M-Pesa 业务，他们是抓住当地金融服务落后，以及移动终端渗透率好的优势优点；再如，日本运营商 DoCoMo 在 2005 年开始涉足信用卡业务也是介于当时日本信用卡消费规模占比仅为 11.2%，与美国 25%的数字相差甚远，有很大的发展空间。所以，对运营商来讲，善于抓住空白领域和时间点也许更重要。

移动技术让金融唾手可得，信贷业务推动着整个经济的发展，它能够帮助个人和企业估算出未来的现金流，并将其转化成为当前的投资机会，它预支了未来的住房、教育机会、消费和业务增长，从而带来 21 世纪初欧美市场的繁荣，甚至正是过度之后引发了 2008 年 9 月的雷曼破产事件，但是在世界的另一端，第三世界国家始终属于一个信贷的沙漠，从全球范围来看，53%的成年人没有银行账户，可以说也就处于正规的金融体系之外。所以，当他们需要贷款时，主要依赖的还是非正规渠道，一项针对发展中国家继续的调研显示，穷人向正规渠道借款的金额只占他们资金的 6%，根本原因还是在于信贷成本，但是当手机成为推动信贷的一个渠道时，用户可以使用手机和平板电脑开设银行账户，这些账户包含着所有的金融和其他交易记录，有助于银行了解财产状况，以较低的成本发放贷款，当交易量上升以后，所有参与的人群都会有自己的资信可靠度，随后，商品价格下降，更优质的业务存活下来，以及人们愿意承担更多的风险，也就成为必然。

第4章

逐鹿中原，谁主沉浮

传统的金融机构与互联网企业是互联网金融的决定力量。互联网化使金融更自由、透明和亲民，但程度有限；能够改善，但无力颠覆。

- 互联网“赢家通吃”，而且政府对金融的监管在互联网时代不会放松。
- 信息透明有利益阻碍，金融信息是稀缺资源，不能通过分享实现增值。

互联网会降低金融的门槛，但金融是有钱人的游戏，不可能完全草根化。

金融就是资金融通，资金融通的目的在于增值。增值，如同马克思经济学指出的，必须通过生产和销售，所以从根本上讲，金融是依附于生产和消费的。西方经济学关于生产要素的认识最早是威廉·佩第“土地是财富之母，劳动为财富之父”的双要素论，随着社会发展逐步成为资本、劳动、技术、土地、信息和管理六要素论。现代管理学关于管理对象较为概括的描述包含人力、资金、资产、信息和时间五因素，较细化的描述包括观念、目标、组织、人员、资金、信息、技术、物资、时间和环境十要素。可以看出，社会生产在宏观和微观层面上，“资本”“资金”都是极其重要的，金融业的使命正驱动着这一关键要素。

金融是为产业服务的，其围绕生产和贸易进行，息息相关，密不可分。“春江水暖鸭先知”，对社会经济来说，金融业对水寒水暖异常敏感。社会经济形态的转变必然会对金融行业的业务形态、组织形式和生态模式迅速产生影响。

20 世纪后期以来，信息经济和经济全球化呈加速发展态势，其对社会经济的影响也是持续加速进行的。全球化拓展了生产和贸易的地域范围，信息化则加速了生产和贸易的运转速度。许许多多的剧变已经发生，而未来还将有更多的变化让我们应接不暇。过去和将来金融业推动着社会经济的进步，同时，也在被社会经济的进步深刻地改变着。

金融是产业的助推器和推手，同时也是经济转型的大时代里身在江湖、与时俱进的参与者和见证者。而在互联网时代，金融互联网化的伟大变革还有几个重要的推动者和参与者，首先要被提及的当然就是互联网企业和金融机构。

互联网企业与金融机构

信息被确认为生产要素的时间要晚于资本。金融业专门将资本、资金作为经营对象，那么有没有专门以信息作为经营对象的行业呢？如管道性质的邮电传输、电信等，如媒体性质的报业、传媒等；再如中介性质的掮客、经纪人等，都可算是以信息谋利，将信息作为重要经营对象的行业。

信息作为产生价值的生产资源，需要关注的管理要素，都是不可或缺的。上述行业也一直是社会经济不可或缺的一部分，其源远流长的产生和发展历史过程可能都比金融业要久远，但是传媒中介的经济规模在过去是无法比肩金融业的。尽管现代电信技术的发展造就了一大批电信巨头，但是因为电信企业多有国有背景，其与金融行业相比显得虽然体量相当，然而灵活不足。直到互联网的兴起，这一差异又进一步逆转。互联网在信息传递上的超高效率和超低成本对信息的形成、分配、使用产生了巨大的直接影响，同时也间接影响了社会生产和企业管理的其他重要方面。这一过程也造就了一大批互联网行业的企业巨头，它们可以与金融业和电信业的超大型企业分庭抗礼，甚至是风头更胜。

互联网行业本身对与各项生产要素的需求或依赖程度相对传统行业大相径庭。首先，集成电路、半导体、光纤等技术的进步使互联网行业对资本的需求有限，摩尔定律说明计算机处理能力的提升和成本的下降是指数级的。而互联网的另外两项硬件需求，存储和带宽的性能提升和成本下降速度甚至比处理器还要快。光缆成本远低于铜缆，运营商甚至从“光进铜退”中获得了可观收益。相对应的，互联网企业的创建成本也就不那么高。1994 年，贝索斯创建亚马逊启动资金只有 30 万美元；2004 年，扎克伯格创建 Facebook 启动资金甚至只有 1000 美元；到 2013 年，Google 现金储备已经超过 500 亿美元，微软已经超过 600 亿美元，苹果公司则高达 1300 亿美元。其次，通过互联网实现远程控制、广域合作，对生产和办公场所的需求有了很大改变，虚拟网络空间与现实世界物理空间更具独立性。从第一产业到第三产业，对土地等自然资源的需求依赖大幅递减，而互联网更是大幅提升了这一趋势。再次，互联网企业对劳动的需求也大大减少。Google 的员工为 31353 人，苹果的员工总数为 60400 人（如不包括零售店员工，人数低于谷歌），而通用汽车全球员工为 209000 人，通用电气近 300000 人。最后，互联网企业对管理、技术的需求变化更为复杂。管理更趋柔性，组织结构更趋扁平，非关键业务的外包成为主流，相对组织内部更关注对产业价值链和行业生态的整合，这些都是互联网企业的特点。苹果相对封闭，Google 更为开放，但它们都致力于建立技术或商业的大生态圈，阿里巴巴也是如此。

对于互联网，John Naughton 建议 Think ecology, Not economics（即要从生态学而不仅仅从经济学角度考虑互联网）。经济学是研究稀缺资源配置问题的，而互联网上信息可以实现低门槛的多样生产、无成本的完美复制、无延迟的高效传输，使得信息极大充裕，互联网内容浩如烟海。用户向 YouTube 每分钟上传的视频总时长达 72 小时。这种多样复杂，通过复制变异，实现爆发性增长的巨大的系统，更应该采用生态学视角进行研究。

传统管理科学通常认为商业模式包括价值主张、消费者目标群体、分销渠道、客户关系、价值配置、核心能力、合作伙伴网络、成本结构、收入模型等要素。在互联网新经济中，其中的许多要素与传统经济相比有较大差异，这些差异有的是量变，还有的是质变。互联网的发展，使一些过去不可能的商业模式变得可行甚至利润丰厚，同时也冲击了一些成熟的商业模式。前者如长尾市场，后者如点对点服务对知识产权制度的冲击。基于互联网的商业模式，最直接的是渠道与成本的变化。渠道的覆盖范围在延展，而中间环节在精简，这使得互联网可以面向最广大的用户提供服务，用户群可以在极短的时间内完成指数级的爆发式增长。Facebook 发布后三年时间获得 5 亿名用户，腾讯微信于 2011 年 1 月上线，两年后获得 3 亿名用户。总体成本的下降使海量用户的均摊成本变得很小，而边际成本则近乎为零。

Chris Anderson 指出："如果价格等于边际成本是市场规律，那么免费就不只是选项之一，它是无可回避的终点，它是经济规律所具有的力量，而你只能长期与它进行抗争！"。如果"免费"是互联网商业模式的未来，其实"免费"已经是看得见摸得着的现在，人们花在互联网上的时间比例越来越大，随着移动互联网的发展，很多人已经是不间断在线（也许有一天，互联网可以实时记录上传人们做的梦吧），而其中绝大部分互联网服务都是完全免费的。免费是边际成本为零时竞争压力之下的结果，同时也是快速获取用户并持续吸引注意力的有力工具。免费作为一种营销手段由来已久，我们对开业酬宾、限时优惠、买二送一等早已司空见惯。然而，在互联网时代，"免费"不再是以暂时的微小的优惠吸引用户培养消费习惯花大钱。互联网企业都希望引来用户、留住用户，然而大部分企业都没有，可能也没想要从用户身上赚钱。互联网时代的免费是真正的免费，而不只是促销手段，而且这种免费的规模是相当大的。"3000 亿美元可以说是对免费经济相对合理的大致估算，这尚属于保守估计"。面对这么多的免费用户，那么互联网企业公司收获财富的"收入模型"又是如何构建的呢？

互联网传递的是信息，然而信息通常不是稀缺资源，不断地被产生出来，永久地被保存下去，信息相对充裕，相对稀缺，同时又很容易流失的是“注意力”。吸引用户、黏住用户是互联网企业的立身之本，也可以说是，获取收入的核心能力。许多时候，互联网企业具有了黏住用户的核心能力，也就拥有了稀缺资源“注意力”，是不是已经有行之有效的收入模型并不制约社会对企业价值的评估。社会普遍认为，只要有用户，只要有足够多的人关注，赚钱只是迟早的事，或者可以说，在互联网的生态圈里，如果你有用户，即使你不知道如何进一步实现收入，也会有人主动来开发你的用户资源。Google 利用 AdSense 为中小网站带来广告收入，阿里巴巴入股新浪微博均是如此。

有的互联网企业探索出了极具创新性的收入模型，如 Google 的绝大多数收入实际上来源于 AdWords 和 AdSense 这两项广告业务。有的企业目前的收入模型则说不上多么有效，例如，Facebook 虽然有超高的人气和流量，但是用户更多的是基于兴趣社交而非商业消费。还有的则根本没有像样的收入模型，如新浪微博。但这并不妨碍他们在资本市场上获得认可，实现自身价值。2013 年，阿里巴巴以 5.86 亿美元获取新浪微博 18%的股份，5.86 亿美元的巨资超过了 2012 年新浪网全面的净营收，还相当于新浪微博去年收入的 8.88 倍。2012 年全年，新浪微博净亏达 9300 万美元。相比于其他互联网公司，Facebook 拥有更多的用户信息掌控力和用户行为影响力，其市盈率 70 远高于 Google 的 22（NASDAQ，2013）。只要有用户，未来一定会有收益，即使目前还说不清具体怎样才能有收益。

可以看出互联网企业源于技术特性，表现在商业模式上的颠覆性创新，会对社会经济产生革命性的影响。聚焦在金融业，互联网企业会产生哪些可以预见的影响呢？将金融业与互联网经济对比分析，可以看出金融和互联网的核心关键点相同，但表现形式却差别甚大。

金融和互联网都与“信息”、“自由”高度相关，都与“实体”有区隔，但是这几方面的内涵和具体表现存在较大差异，甚至是截然对立的。互联网金融要将这“截然对立”的两种业态进行整合，还要在两条高低不等的铁轨上高速行驶，必然要求更复杂的机车设计和更高超的驾驶技巧。互联网化会给金融业注入活力带来好处，这种改变是重大的，但不会是根本性的。同时，互联网化可能会放大金融业原有的风险，还可能会给金融业带来一些新的风险。互联网对金融业的影响主要体现在增进信息透明度、自由度和降低门槛等方面。

- 首先，互联网会促进金融业的信息透明度，但是很难做到完全公开透明

互联网极大地拓展了信息共享的规模，加速了信息共享的速度，根本原因在于其能减少信息传递的成本，但金融业信息传递的阻力远不只是成本，而是更复杂的利益机制，这些利益机制涉及金融业的根本属性。比如知识经济不同于传统经济的关键优势在于其核心资源不会因为使用而被消耗，并且难以再生或再生成本很高，甚至于知识或信息会因为使用和分享而增加其价值，比如影视、文学、艺术作品等，所以知识经济是一种更具有可持续性的经济形势。互联网的迅猛发展无疑对知识经济的规模和效益进行了极大的提升。

与之相反，金融业的信息是不能通过分享来增值的，或者更准确地说，对占有相关信息的人来说，传播、分享、公开他所占有的信息，不符合其自身利益最大化的诉求。一个在金融圈摸爬滚打二十年，同时又参与了多家互联网公司上市的资深投行人士感慨：“我是1994年入行做投资银行的，我第一年做分析师，主要的工作就是给人打电话，安排会，经常做一些特别无效的工作。过了20年，我们公司的分析师小朋友都是一流大学毕业的，干的还是同样的事情，花一半的时间打电话、约会，花另外一半时间做很多无用功，只不过他们每年拿十几万美元干这些事情。我入行的时候，华

尔街 IPO 的成交费是 7%到 9%，20 年以后的今天，成交费还是 7%到 9%，每次 IPO 定价完之后到分配的时候，大家打得焦头烂额，不是说价高者得，而是依据每家投行最核心的客户为他争取资源。我在 1994 年入行的时候是这个样子，经过了 20 年还是这个样子。1994 年，我第一次去纽交所参观，看到纽交所人来人往，一堆人穿着小马甲打着我看不懂的手势，历经了 20 年还是这样，一堆人穿着小马甲打手势。那个时候，PE 的规模只有几亿美元，分成是 20%，管理费是 2%，现在管理的都是上千亿美元的资产，但是拿的管理费还是 2%，分成还是 20%。

所以，我们在这边看到了很多让人特别兴奋的互联网与金融的交接，在互联网做了很多创新的事，但是回到传统投行领域，20 年来，几乎没有变化，还是跟以前一样，这就是我的困惑，难道我们这个行业就是脱离于这个世界之外吗？我们这个世界就是不受互联网影响的吗？我们这个行业就不会被新的商业模式颠覆吗？”

以上所提出的困惑的答案其实正是藏在问题里，你出于兴趣的社交约会，是很可能有意愿通过互联网分享的，但是对于耗费几十万美元预订的约会，就绝不会轻易到处去讲了。如果你是在维基百科上编辑词条，分享知识，你肯定希望流程越简单、越开放越好，但如果你拿着数亿美元的管理费，那肯定不希望各种技巧为外人所知。

鲁迅说过："'雅'要地位，也要钱，古今并不两样的，但古代的买雅自然比现在便宜。办法也并无两样，书要摆在书架上，或者抛几本在地板上，酒杯要摆在桌子上，但算盘却要收在抽屉里，或者最好是在肚子里。"在互联网时代，雅和俗都会有人分享，心灵鸡汤文与各色美食图都在网上泛滥，但是关于钱的算盘要藏在肚子里这一点是依然如故的。

金融相关的信息对公开透明具有天然的排斥。从金融信息的产生源头来看，穷人和富人都不愿把自己的真实经济情况暴露出来。谈了几十年的政府官员财产公示在中国依然渺茫；买彩票中大奖的人去领奖时往往像美国漫画里的超级英雄不以真面目示人；而《红楼梦》里宝钗发现邢岫烟的当票还要小心遮掩。从金融信息的流动分享看，当一个人知道了某处钱多钱少、某人或贫或富的信息后，也极少会愿意告诉别人"人傻钱多速来"，通常还是以自己闷声发大财为上策。

所以，金融业的信息传递问题中，成本从来不是关键问题，过去不是因为成本或技术障碍而不能传播分享，未来也不会因为互联网技术就变得公开透明。

- 其次，互联网将使金融更加自由，但是"网络不是法外之地"

互联网的自由体现在它是没有中心的，虽然也有人说"网络不是法外之地"，虽然在包括中国在内的世界上少数国家，互联网信息还受到较为严格的监管，互联网也并非完全没有国界。但总体而言，互联网毕竟是无中心的，自由扩展的。而金融是钱的艺术，都说钱是恶之源，那么，哪里又是钱之源？汉文帝宠幸邓通，《史记》说，"上使善相者相通，曰"当贫饿死"。文帝曰："能富通者在我也。何谓贫乎？"於是赐邓通蜀严道铜山，得自铸钱，"邓氏钱"布天下。其富如此……及文帝崩，景帝立，……竟不得名一钱，寄死人家"。离开了权力的庇护，再有钱也是镜中花水中月。自金本位退出历史舞台之后，货币的效力就一直是依靠政府权力背书的。货币从源到流都受到中央银行的严格监管，大多数国家也对外汇流动进行限制。所以，金融从来就是与政治权利紧密相关的。虽然管制的放松有利于金融业的发展，但是基于利益和安全考虑，各国政府给予金融业的自由度始终是有限的，远远不能与互联网所得到的自由度相比较。金融业的自由度不仅受到政府的严格控制，即使是对中外民众来说，对金融自由也是一直存在某种疑虑的，这种疑虑就有思想方面的，如中国曾经的畅销书《货币战争》，也有见之于行动的，如美国曾经的大事件“占领华尔街”。不同于互联网的开放草根特性，金融始终带有精英色彩，操作过程也是处于黑箱之中，人们担心其损害大众利益也可以说是事出有因。

从历史发展来看，金融依存于权力，同时要受到权力的制约。这是有其合理性和必要性的。那么，未来在互联网的助力之下，金融有没有可能走出一条逐渐远离政府权力，逐步趋向自由的发展道路呢？我们对此持谨慎态度。摆脱政府权力制约，追求极端自由的无政府主义思想从价值观上来讲自然有其源流，但是在涉及金融这个关系重大、影响深广的社会实务时，其可行性和合理性就必须加以审慎权衡。以正在经历热炒的比特币为例，其具有去中心化、不记名、可跨境使用的特点，如果比特币的适用范围得以扩展，这些鲜明的特点在很多方面对各国政府和社会大众都是很难被接受的。

第一，去中心化，是对各国中央政府货币发行权的挑战，极端地说，货币发行权是政府向公众打白条的权力，对美国政府来说，更是向全世界打白条的权力。从经济学角度说，国家调节社会经济的两大手段之一的货币政策，就是靠调节流动中的货币来进行的，如果货币完全去中心化，那么政府也就无从下手了。

第二，不记名，使得政府对社会经济活动的监管失去了线索，极端地说，比特币因此可用于毒品、赌博等各类非法交易。在自由市场的引导下，一项资源总是会用到最需要它的地方去，所以比特币很可能成为各类违法犯罪活动的专有媒介，并因此变得声名狼藉。即使用于正常交易，其难于监管的特点也会造成政府税收的操作困难。

第三，跨境使用，不受各国政府制约的跨境结算工具可以推进自由贸易，但是贸易壁垒也是许多国家政府所不愿完全放弃的。

因为这些特点，去中心化的货币很难得到政府权力的认可，甚至很容易招致各国政府的完全禁止。而没有权力背书的货币是很难被金融业所接受的。因为金融是为市场经济服务的，市场经济的自愿交易是以非暴力、双赢为基础的，没有垄断了暴力使用权的国家机器的支持和维护，市场经济就不能顺畅地运行，金融业就变成皮之不存，毛将焉附。而政府不管是出于私心还是公益，对经济行为的完全无监管都是不能被接受的。

2013 年年底，中国人民银行、工业和信息化部、中国银行业监督管理委员会、中国证券监督管理委员会、中国保险监督管理委员会等部门联合发布《关于防范比特币风险的通知》，指出“从性质上看，比特币应当是一种特定的虚拟商品，不具有与货币等同的法律地位，不能且不应作为货币在市场上流通使用。”

所以，互联网是一个极大地促进自由的技术工具，哈耶克说过金钱是人们发明的最伟大的自由工具，这两者结合下的互联网金融会对经济社会自由有极大的助力。但是，互联网金融与政府的关系仍将是非常紧密的。

互联网对金融自由的作用有限，并非仅仅因为政府监管。事实上，互联网业常常是赢家通吃，其垄断程度实际上是高于传统行业的，如果某一家或几家互联网公司具有在互联网金融领域取得垄断优势，对金融自由未必是一件好事。百度可以凭借搜索方面的垄断进行信息过滤或推送垃圾信息，淘宝可以挤压中小商家的权利空间，都是基于技术和市场垄断。所以，互联网对自由也是双刃剑。

- 再次，互联网会降低金融业买方和卖方的准入门槛，但是并不能完全消除门槛

“互联网上没人知道你是条狗”生动地说出了进入互联网的门槛之低。金融业互联网化可以极大地降低金融业的准入门槛。银行、保险、证券、信托等金融行业都可以从互联网化中受益，主要体现在通过渠道网络化和系统自动化降低运营成本，以更低的成本提供更个性化的金融服务，因此，也能将以前只能向大资本大客户提供的服务，向资金规模较小、地域位置更偏僻的客户提供，能惠及大众，但是作用也有限。互联网金融可以降低成本，成本的降低使得小资本也可以提供金融服务，小客户也可以享受金融服务，但是金融业的门槛不仅在于成本，更关键在于信用，门槛降低如何保证信用度？

多年来，一直困扰社会的小微企业融资难问题，其实有其必然性。一方面在于小微企业，另一方面在于金融机构。从小微企业来说，一是小微企业管理基础相对薄弱，产权过度集中，内部决策缺乏灵活性，机制僵化。董事会构成不规范、不合理，直接影响到重大问题的决策，有些独立董事形同虚设，监事会的地位不高，很难发挥监督作用。法人内部治理机构缺乏，管理经验缺乏，管理水平低下，财会制度落后，缺乏审计部门认可的财务报表，加大了银行的审查力度和难度。二是小微企业经营风险大，实物资产少，技术水平不高，抗风性能力较弱，影响到小微企业自身的资金积累和信贷融资。三是小微企业信用观念差、道德风险突出导致金融机构和潜在投资人无法准确判断小微企业的经营风险和财务风险。四是小微企业自身缺乏必要的担保物，直接影响到金融机构对小微企业信贷的审核和发放。从银行来说，晴天送伞、雨天收伞的常态，相信阿里小贷等一众互联网信贷机构也不会改变。中国工商银行董事长姜建清对有人把互联网企

业比喻成鼠标，把银行比喻成砖头的情况，将互联网公司与银行在互联网金融领域的遭遇比作鼠标与砖头的战争，指出不要认为银行就是砖头，银行也是鼠标，银行会比鼠标干得更好。银行玩鼠标能不能玩过互联网公司尚待讨论，但是“砖头”本身也绝不是一个过时的可有可无的东西。清华大学校长梅贻琦曾有名言“所谓大学者，非谓有大楼之谓也，有大师之谓也”。因此，今日我国很多大学大肆盖楼还颇被舆论非议。但是，银行的大楼普遍盖得高大堂皇却是符合国际惯例普世价值的。所谓“跑得了和尚跑不了庙”，就是说，有一个价值不菲的庙在那里，人们总是会觉得里边的和尚们更可托付。

金融的游戏要有一定资产和能力，才有参与的资格，这一点对借钱的人和放贷的人都是一样的。一位喜剧演员向人说起，年幼时每次向母亲要钱，母亲总是说：“你以为我像什么，像银行？”这位演员说：“其实，对一个十多岁的孩子来说，父母本来就是银行。要是自己真的去银行向人家要钱，出纳准会说：‘你以为我像什么，像你妈？’”。金融业玩的是真金白银，这绝不是小孩子的游戏。

所以，金融业现有的门槛并不是无须沿袭的过时概念，陈旧习俗，而是是否具有行为能力的实际基准。互联网时代，这种门槛的具体内容和表现形式也许会有所变化，但是门槛本身的必要性是依然存在的。互联网可以降低成本，拓展渠道，可以适度降低门槛，但不能消除门槛。

电信运营商及其他参与者

对互联网金融具有企图心的不止是银行、证券、保险等传统金融机构和具有渠道平台优势的互联网公司，想要参与其中的还包括电信运营商、硬件生产商等。电信运营商和互联网公司一样，相比各类传统机构都是金融行业的后来者、门外汉。国内的三大电信运营商均采用从支付切入互联网金融的路径。从注册资本看三大运营商申请的支付牌照，中国联通为 2.5 亿元，中国电信是 3 亿元，中国移动为 5 亿元。相比一般第三方支付企业 3000 万元到 1 亿元的注册资本来看，运营商显示出了更大的决心和希望。但是，电信运营商在互联网金融领域的前景如何，必须进一步观察分析。

互联网公司与金融机构的经营形态差异主要体现在信息透明度、监管自由度和进入门槛上。而运营商与互联网公司和金融机构也存在几方面的重要差异。

第一，从成本收益分析看，金融机构更关注经济效益，运营商和互联网企业更关注规模发展。金融机构和互联网企业与客户的互动频度和深度都要高于电信运营商。金融机构和互联网公司均属智力密集型，而运营商应属资本密集型。

用户使用金融产品的边际收益和金融机构提供金融产品的边际成本不会出现明显下降，金融业其实是资源紧缺型行业。而用户使用电信产品的边际收益和运营商提供电信产品的边际成本都是递减的，边际成本接近于零。用户使用互联网的边际收益无明显下降，但是互联网企业提供产品服务的边际成本也接近于零。传统运营商的定价策略、价格歧视、套餐政策是客户人均使用量越高，单价越低。其基本认知是把信息交流作为必需品，对消费者来说，语音、短信和数据都是边际效用递减，第一句话最重要，非说不可，话说得越多，重要性越低，因此，认为用户愿意付的费用也越低，其历史渊源是从电报到固话，再到移动通信，主要是为了解决信息沟通的急迫性要求，其经济动因是电信网的建设需要大量的固定资产投资，要尽量多而快地收回投资。互联网企业的定价策略是普通用户免费，使用量大或特殊需求用户收费，比如网游和 QQ。其基本认知是信息交流是休闲娱乐，边际效用递增，越是沉迷的用户越有付费意愿，其历史渊源是互联网非商业化，其经济动因是互联网增加单个用户的边际成本接近于零。而银行的边际成本和边际收益不会递减，甚至可能是递增的，比如，银行的高息揽储。存款是银行开展业务的基础，资本充足率也是行业监管的关键指标，银行会向所属分支机构下达存款指标、定期考核、与网点负责人和员工薪酬、聘用挂钩等办法，迫使他们千方百计吸收存款。而为了在期末银行结算时达到监管层要求的存贷比，同时部分银行客户经理为了完成考核任务，甚至自掏腰包“买”存款，向客户进行高息隔夜拆借。

第二，从企业出身和服务对象看，互联网企业起于草莽，偏重社交娱乐，电子商务也都是从民生类小型商品服务做起。而运营商和银行则多是国有体系出身，服务对象多是政务商务。

因企业出身的不同，造就了企业文化和性格的差异，互联网公司大多目标专注，战略方向清晰，同时行事果断，具体战术不拘一格。以阿里巴巴为例，支付宝到余额宝，再到阿里小贷围绕电商主业，逐步进行战略布局，脉络清晰。同时在具体操作方法上，积极激进，敢于试错。而以国有银行为代表的传统金融机构，因为历史原因和现实政策原因，一方面受政策制约市场化程度不够，利率不够市场化，所以才有余额宝的大受追捧。一方面，现实进取度不足，因为优质大型客户多，所以对小微企业和海量低端个人用户的金融需求不够关注，相对于西方金融市场长期自由的市场化发展，国内给互联网公司留下更大的市场空间。而电信运营商对于互联网金融，是否要作为未来战略发展的重点，对具体经营策略的应用都会显得偏于谨慎。国企高度规范的管理，迫使运营商的支付企业不能像互联网企业那样野蛮生长。中规中矩、合规合法，这是运营商对自我约束的基本要求，也是有别于一般支付企业的显著特点。在监管部门眼里，运营商的支付企业是听话的"好孩子"，等待牌照有耐心，面对红线绝不越雷池，所有规定完全遵守，正是基于这样的本分，运营商在发展新兴业务的过程中总是显得谨小慎微，而不似互联网企业有那股"凡事先干了再说"的勇气。

在资源投入方面，电信运营商对互联网金融也显得颇为有限。运营商尽管其自身拥有渠道、用户数、品牌等诸多优势，但面对从支付到互联网金融层出不穷的新兴业务，仍难依靠自身发展快速积累在管理经营模式、人才队伍等方面的关键能力。而金融机构对金融业务本身的熟悉和积累以及对自身业务互联网化的关注程度是电信运营商所没有的。互联网企业灵活的制度和对战略重点的不计眼前回报的资本投入力度也是电信运营商难以做到的。因此，相对于互联网企业和金融机构，电信运营商在互联网金融的中原逐鹿中，处于先天禀赋不足，后天投入不够的情况。

电信运营商在互联网金融方面选择从移动支付切入，原因在于移动是电信运营商的优势，而支付是金融业的基础。运营商希望发挥自身移动终端的渠道和硬件优势。但这一优势的发挥尚有很多工作需要做。移动支付已渐成热点，但仍主要以支付宝等在线方式为主。NFC（近距离无线通信技术）目前占比仅为 2.6%。NFC 为运营商的 SIM 卡实现金融功能提供了丰富的想象空间，同时卡也是运营商独有的核心资源。尽管三家运营商都投入了大量的精力和资源，但仍面临着成本障碍、行业标准、应用场景、用户感知等多方面制约。相比运营商在移动支付上的有待进步，手机硬件厂商倒可能在某些方面更具优势。在移动支付上，电信运营商具有管道优势和终端优势。但是，管道优势的发挥是建立在管道智能化的基础上的，只有对不同的流量进行甄别，才能挖掘管道的最大价值，否则只能被互联网公司乃至硬件公司通过 OTT 所旁路。

以苹果公司为例，苹果公司以 iPhone 为代表的移动设备能够对用户产生的不同流量进行识别，分类处理以实现最大价值，无论是音乐下载还是 App 应用等，均能从中分得一杯羹。而电信运营商对此却只能满足于基本的流量费。同时，硬件厂商在硬件上的优势比运营商所掌握的 SIM 空间的物理空间更大，形态更灵活。苹果公司的 Apple Pay 是基于 NFC 的近场通信技术，并使用 TouchID 指纹信息进行身份验证的一整套的支付服务体系，用户只需要把自己的银行卡输入到手机，即可完成绑定，支付时用户直接把手机靠近收款终端，用户直接和银行进行对接，Apple Pay 不向商家提供信用卡卡号，也不存储任何银行卡信息，苹果公司表示不收集用户信息，只是提供技术实现结算信息传输。结算环节还是商家、用户、银行之间的事情。苹果在官方网站上透露，该公司的 Apple Pay 支付服务不会向商家或消费者收取交易费，最有可能支付费用的是发卡银行，但具体费率结构尚不明确。电信运营商在互联网金融的战场上，虽然并未占据战略要点，但毕竟有海量的用户和

成熟的渠道，如能善加应用，还是可以成为这一生态圈里的关键一环。互联网金融对电信运营商来说是一个未必能够轻易把握的机会，但是终究是一个值得把握的机会，关键在于电信运营商之间和与金融机构及互联网公司的合作，电信运营商自身的力量不足以推动互联网金融的整体发展。

通过以上分析，我们认为，互联网金融的这场变革中，最主要的参与者是金融机构和互联网公司，这两者的合作和竞争将构成互联网金融的主旋律。阿里巴巴、中国平安、腾讯合作发起设立的众安在线财产保险公司是互联网与金融合作的典型。"众安在线"或将突破国内现有保险营销模式，不设分支机构，完全通过互联网进行销售和理赔，主攻责任险和保证险两大类险种。平安集团董事长马明哲乐观地认为"金融机构将互联网作为一个工具，提升效率，降低成本，而其结果就是改良型、改善型。"而阿里巴巴董事局主席马云则常常斗志昂扬地说"如果银行不改变，那么我们就改变银行!"金融机构更愿意把互联网视为工具，金融为体，网络为用。而互联网公司则更愿意把互联网视为一种精神，代表一种颠覆的力量。那么互联网是工具还是精神？互联网金融是颠覆还是改良？这一切还是正在发生的历史，互联网公司与金融机构的恩怨刚刚展开。互联网公司会促进金融信息的公开透明和金融产品的便捷亲民。但是金融业可能是互联网最难颠覆的行业，互联网金融还是会延续今天金融业的特点：精英、严谨。

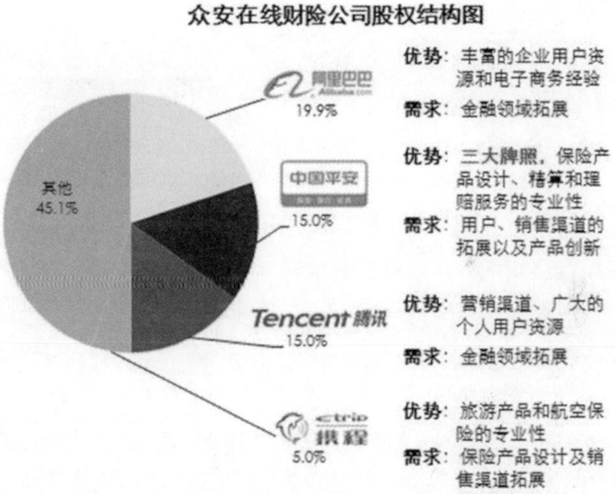

即使是今天的互联网巨头在互联网金融的角逐中最终获得了主导地位，但也可能不是金融业变得像互联网，更可能是互联网金融更像金融，金融固有的高度逐利、黑箱操作、严格监管依然不会轻易改变，而且应该关注的是，互联网巨头主导下的互联网金融也许还会更加趋于垄断也未可知。毕竟，互联网上的巨头垄断其实比金融市场有过之而无不及。互联网企业往往不需要垄断整个产业链，它只需要把握住最靠近用户的平台和入口，就足以获得超额利润。

第 5 章

互联网浪潮将进一步推动金融变革

互联网技术和思维从“软”的方面改变着金融产品和服务，同时“硬”的领域也在发生着深刻的变化，主要体现在支付等渠道上，一方面，传统商业银行现有的 ATM 设备不断扩充和升级接口，嵌入生物技术等崭新功能；另一方面，在终端厂商和电信运营商的推动下，可穿戴设备和 NFC 功能将成为支付和金融服务的崭新载体。

与传统金融服务产品一样，依托于实体经济发展起来的新型电子金融服务将会更深层次地反哺实业，一方面，在垂直细分市场领域推进全面应用；另一方面，利用位置、商业场景数据展开跨界合作。传统商业银行利用自身丰富的实体渠道资源，推广自身应用，即出现所谓的“商店中的银行”和“银行中的商店”，并利用自身掌握的核心资质和品牌优势，广泛开展延伸类服务。无论是线上数据平台，还是线下实体网点，均在场景化驱动下更好地服务实体经济。

互联网金融将覆盖传统金融所不能覆盖的范围，也将承受传统金融所不曾面对的风险。传统金融机构有专业经验和高端人脉积累、政策保护壁垒，以及灵活的应变能力，不容易被互联网企业颠覆；互联网企业有线上渠道优势、海量草根用户积累和灵活的机制，可以在传统金融未覆盖的领域野蛮生长。各展所长地开展互联网金融业务，两者融合而非替代，互联网企业做不了金融机构的技术工作，金融机构也缺乏互联网企业的精神。金融业务的版图向农村和草根扩展，互联网金融需要采用 O2O 模式环境，线上线下的联合拓展是互联网企业的长项。互联网金融进一步促进消费主义，可能放大社会经济的系统风险，单纯基于大数据分析信用体系的抗风险能力有限。

硬件化趋势显著，提升产品质量和用户体验

商业银行自助终端全面升级

初期，银行设备将兼容更多接口功能

如今，纸币的使用已经开始减少，这已经成为不争的事实，在澳大利亚过去的五年中，零售支付的使用频率已经下降了 25%。在这样一个向电子货币过渡的时期，既有移动化的用户需求，同时，现金在很长的时间内又不可能消失，手机和 ATM 等设备会充分融合。在融合初期，商业银行的 ATM 等设备也在不断完善接口服务。

ATM 连接手机直通服务。在印度，印度工业银行（IndusInd 银行）和 Axis 银行都已涉足移动金融服务市场，启动了移动现金服务。经过最初基本的登记流程，IndusInd 银行的移动现金和 Axis 银行的即时汇款服务使客户只需通过手机号码就能够发送和提取现金。一旦交易完成，用户便能够接收到短信提示，从可选的任一自动柜员机上提取现金——有没有借记卡都可以，而且受益人不必是银行客户，甚至不必拥有银行账户。在中国，中国建设银行手机银行可实现无卡取现，建行手机银行设有“特约取款”功能，即使客户忘记带银行卡，也可实现 ATM 机上无卡取现。客户只需要登录建行手机银行页面，申请“特约取款”，预约取款金额、密码、期限和取款区域即可。申请成功后，便会收到建行发出的特约取款 ID，凭借特约取款 ID 和取款密码，便可在附近的建行 ATM 机上轻松取现。目前，全世

界绝大多数银行都已开发出智能手机应用程序，允许客户查询余额、进行简单交易，一部分银行开始针对特定客户的生活方式需求提供更多的创新服务，这些服务利用强大的银行数据和商业关系，在非银行需求方面为客户带来日常增值服务。

ATM 将融合更多的接口。从功能的发展趋势来讲，ATM 毫无疑问会嵌入智能手机和移动 App 的应用，一个典型的例子是 ATM 终端植入位置和通信的芯片，这样可以与用户的移动手机联网，让用户能够对周围的 ATM 机进行定位，并能够及时把 ATM 的状态信息分享出来，例如，此时此刻 ATM 机是否有足够的现金，是否能够提供交纳社区费用等功能，我们再想一步，ATM 机会成为一台智能化设备，可以提供一个与手机近场接触的通信接口，这样当用户的手机与 ATM 机接近时，ATM 机就可以直接读取用户的移动账户，进而选择取现、转账和付款功能，甚至是读取手机账户中的优惠券、会员卡等信息，此时的 ATM 已经变成了一个会员打印机。一旦成为如此智能的设备，ATM 机在操作性和美观上也会有很大提升，但和 iPad 等设备相比，目前的 ATM 机还比较笨拙。

商业银行的智能网点将引入 VTM，即可视化系统。用户通过二代身份证即可以进入服务区，在一个充满未来感的暗黑色系的屋子里，一个设计很苹果范儿的 VTM 嵌在墙上。用户用手指单击屏幕进入申领借记卡或信用卡的界面后，VTM 上方的屏幕就会出现客服人员图像。虽然远在异地，客服人员可以通过远程视频技术“面对面”、“手把手”地告诉用户业务的每一步该如何操作。填写电子单据后，在视频客服的见证下用蓝牙笔签字。不到 5 分钟，VTM 就吐出一张“热乎乎”的银行卡。在这个过程中最智能化的设备就是 VTM 专门配备的蓝牙笔，专门识别用户的签名，因为按照银监会的要求，客户在传统柜台办理业务时，需要填写单据并签名确认。蓝牙笔本身带摄像头，可以拍摄客户的书写痕迹，再通过后台复杂的计算转化为签名的影像图片，远程传输到柜员端进行签名审核。同时，客户每一步的填单内容都可以被清晰地呈现至远程柜员，将内容审核过程提前到填单过程，提升了客户体验。如此一来，客户操作和远程审核几乎同步完成。再进一步，在这样的可视化系统下，商业银行的 ATM 机自然能完成更复杂的功能，例如，当进行大额资金交易时，直接联网实现两个屏幕的网络互动和可视化操作，进一步增强交互性。

提供超越需求的服务。星展银行推出的 iPhone 应用程序能够使持信用卡的客户查看附近哪些商店有优惠或折扣活动。客户用手中的 iPhone 摄像头扫描周边场景，应用程序就会自动识别附近商店中进行的各项交易。星展银行信用卡持卡人还能通过应用程序下载电子优惠券，在即将购买时进行兑换，从而提升银行服务带给客户的价值，提高客户忠诚度。

同时，从终端适配型的角度来看，除苹果和安卓系统中大量 App 的成功推广使用外，商业银行也在基于业务部署和用户体验，针对其他类型的操作系统和设备类型，比如，基于 Pad 的客户端就需要尽可能少的按钮和跳转页面，因为这些烦琐的流程应用在移动端会比在 PC 端给用户带来更多的麻烦。花旗银行在最近的改造中就重新设计了其零售银行的页面，新的网页将自动检测用户使用终端的类型，从而进行自动适配，保证根据用户的选择和位置提供最适合的内容版面并进行无缝切换，如图 5-1 所示。

未来，随着银行全新的功能分区和渠道分流，服务将逐渐转变为多渠道、泛在化和协同化。智能设备等最新前沿科技与银行产品的有机结合，让服务变得更互动、更有趣、更人性。顾客了解银行产品变得轻松和简单，同时，也给穿行在大堂中的客户经理提供了更多随时发现所服务的客户的机会。

图 5-1　花旗银行平板电脑网页页面

未来，生物技术融入金融服务终端

生物识别技术作为一个大趋势和演进方向，也将逐渐成为金融硬件服务的载体。使用生物技术是 ATM 增加安全性最好的方式，尤其以指纹和脸部识别最典型。生物技术有两个优势，第一就是消除错误，因为一旦使用生物技术进行鉴权，不法分子就很难获取密码或者复制银行卡片，从而有效地抑制犯罪，这对增强用户信任和品牌声誉都有很好的作用。从这个角度来讲，生物技术演进已经成为一种势在必行。事实上，我们已经看到了生物技术嵌入 ATM 带来的安全性的提升，2010 年，日本有超过 800 个欺诈提款事件发生。在接下来的几年，包括东京三菱 UFJ、三井住友银行和瑞穗银行在内的多家银行推出了生物识别技术，欺诈提款的数量减少到 2013 年的 240 个。第二个优势就是为用户带来了更好的用户体验，因为生物特征已经取代了用户名和密码等信息，特别是伴随着智能手机技术的演进，用户有了更好的接受度。从目前来看，在 ATM 终端上应用推广的生物支付主要包括指纹支付、虹膜支付、人脸支付、静脉支付、声纹支付等。所有的生物支付方式都包括如下处理流程：采集、解码、比对和匹配。生物图像的采集主要依靠高精度的扫描仪、摄像机等光学设备，以及依靠电容、电场技术的晶体传感芯片、超声波扫描、红外线扫描等设备。

上述方式中，脸部识别最有意思，当用户接近 ATM 机时，ATM 机将基于用户的人脸，立刻显示出用户的基本信息和近期的金融行为，且用户的性别、年龄段和当时的心情好坏都可以判断出来。在英国一所大学的测试中，识别的成功率达到 40%。在实际应用中，Facebook 网站已经实现了对头像的全面识别，把它作为用户的重要标识，用户每次更新的头像信息都已经成为 Facebook 今后从事金融服务的数据基础。近日，芬兰创业公司 Uniqul 推出基于人脸识别的支付平台，该系统只需用户面对 POS 机屏幕刷一次脸，整个支付流程在 5 秒钟之内就基本结束。这种基于人体器官的支付模式就是“生物支付”，它以其唯一性和不可替代性，正逐步取代存折、银行卡等传统金融服务工具，成为未来支付结算的主媒。2014 年 10 月，阿里小微金融服务也直接打出“数字密码将死”的口号，首次披露其正在研发的以生物识别为核心的前沿安全科技，包括人脸、声纹、指纹或掌纹，笔迹和键盘敲击。这些以生物识别技术为主的多项技术可以与现有的数字密码形成有效补充，甚至在部分场景和环节，其安全性远超数字密码。这也意味着，以后用户可以真正实现刷“脸卡”，或者对着收银设备按下指纹或掌纹，就可以简单搞定支付手续。此外，在未来还能通过笔迹甚至是敲击键盘的习惯来对用户进行身份识别。

尽管我们已经看到这项生物技术应用于 ATM 设备的大趋势，但目前也许是因为成本的问题，也许是因为金融基础较完善的原因，以客户为导向的生物识别功能在银行业中仍属罕见。根据 RBR 最近报告《全球 ATM 市场和预测》的数据，全球 260 万台 ATM 机中只有 7%配备了生物识别技术。此外，大多数生物识别 ATM 机都布放在极少数国家：98%的生物识别 ATM 机只在 5 个国家中布放，只有不到 10 个国家拥有超过 1000 台，而中东和非洲份额小于 1%。中东欧带有生物识别技术则是非常罕见的。至 2012 年年底，大约有 10 台生物识别 ATM 机在这个区域使用——全部位于波兰。而北美则还没有任何生物识别 ATM 机。无论未来扮演何种角色，生物识别技术是目前高度集中，并在全球范围内相当少见的。这也就意味着基于生物技术的 ATM 机具有非常大的发展空间。本书认为一个非常大的机会就是 ATM 机生物化伴随移动化的进一步演进，因为既然手机已经成为终端，那么在使用手机进行交易时，就应该要求在手机终端处理金融业务，比如，加上一个生物操作的流程。所以，下一个发展一定是伴随着移动化，从终端设备的角度倒逼。

无论商业银行的 ATM 机有多么智能，无论给用户带来多少便利性，最后我们还是要说，未来纸币的使用确实会越来越少，在英国和美国市场，未来现金支付的使用也将下降 20%左右，在发展中国家也许下降的速度会更快，那么对应的 ATM 机的需求就会越来越少。出于成本的考虑，也许同一个国家所有银行的 ATM 机将实现共享，或者直接出现一家专门提供 ATM 机的第三方公司，所有的银行租用其设备即可，就像今天电信运营商行业的铁塔公司这样一个角色。纸币消失的那一天，当然也就是 ATM 机消失的那一天。

可穿戴设备与 NFC 成为崭新的支付渠道

今天，基于互联网的金融产品蓬勃发展，所有的业务均在互联网线上发展起来，我们甚至可以说在过去的 50 年时间里，互联网和移动互联网把所有的硬件相互连接在一起，加之传感器技术的发展，全面实现了物理设备的数字化。谷歌眼镜、腕表等新兴可穿戴设备已经逐渐普及，而且都是具有高度定制化的产品。我们相信，同样作为高度紧耦合的金融产品，也会在未来以崭新的硬件形式出现。

未来，金融应用将更趋向去靠近科技前沿，IDC 所提出的互联网时代第三方平台的技术因子将把金融服务带入未来时空，有卓见的金融企业早已与先进的互联网企业和智能穿戴设备制造商合作创新，诸如 Google Glass、Smart Watch、Wrist、Vehicle Device、Coin 等，应用指纹、声纹、掌纹、心率等生物识别技术，开发二维码 P2P 支付等新产品。这些与前沿科技结合的新产品有的已经面世，有的在预售中，有的暂时在实验室作为战略技术储备。例如，Sabadell 在 2014 年开发出谷歌眼镜（Google Glass）金融服务 App 原型，支持客户寻找银行网点、购物、跟踪投资股票。澳大利亚西太平洋银行与 Smart Watch 合作，为客户提供集成银行应用程序，使得客户可通过智慧腕表检查账户余额。客户在地铁站候车时，可以使用 Identifymine 提供的虚拟购物服务，客户在墙上扫描选定商品二维码付款后，Identifymine 提供送货上门，美国银行受此应用启发，推出一项在自动取款机上安装 video-call 的服务，允许客户借此与出纳员或理财专家接触，以扩大销售和延展服务。一家叫作“硬币公司 COIN”美国的非银行新兴金融服务公司推出用户可上传信息的智能卡，客户可把各种卡（信用卡、借记卡、会员卡等）的信息集成在一起，当该卡离开客户超过一定距离时，手机就会报警。所有这些都预示着金融已经和硬件紧紧地绑定在一起。

可穿戴设备给用户带来了很多好处，主要体现在便捷性和安全性两方面。从便捷性角度来看，可穿戴设备更方便，它免去了手机钱包“手机解锁→打开 App 支付工具→输入密码”等必要的流程，这种流程上的简化对用户来讲非常有吸引力，尤其是小额支付领域。不要忘记，支付环节的缩减也一定会得到商户的广泛欢迎，当星巴克、麦当劳等商户品尝到可穿戴支付设备的“甜头”时，就是其大规模商用之时。同时，从用户角度来讲，可穿戴设备兼顾蓝牙扫描商户标签信息，迅速完成数据的匹配等，加之可穿戴设备非常容易嵌入眼睛、手臂等姿势定位技术，这样比智能手机有更好的用户体验。从安全性角度来看，可穿戴设备免去了密码输入流程的同时，选择嵌入更多的生物传感技术——指纹、虹膜和静脉等，这对提升支付的安全性起到了重要的技术保障。而且本身可穿戴设备就是人体的必要设备，从物理特征上就已经实现了安全性。

当然，可穿戴设备的发展之路也需要越过一些障碍。首先，成本是第一大问题，目前谷歌眼镜等可穿戴设备的成本确实还比较高，1500美元的价格可不是每一个用户都能接受的，尤其是在大规模量产前，很难在短期内把成本降下来。当然，有人会说相比之下腕表和手环的成本比较低，但是我们要知道整个支付链条还涉及受理环境等，这是一个综合成本的问题。其次，用户接受度也是需要考虑的，在过去的几年中，互联网巨头、运营商、硬件厂商一直致力于培养用户的支付行为，但是都没有撼动商业金融机构塑料卡片的地位，一个外观上不那么好看、成本上较高的可穿戴支付工具又怎么可能在很短的时间内赢得用户的青睐呢？加之大多数发展中国家和地区还处于纸币时代，所以用户习惯的改变同样值得考虑。最后还是那个老问题，就是支付产业链的合作，商业银行、互联网巨头、广大商户都是其中的组成部分，所有的元素一起参与进去，达成广泛一致也确实不是容易的事情，支付标准背后永远是利益的驱动。说到产业链合作，我们就必须要说，一旦进入可穿戴设备的时代，运营商的管道作用将彻底失效，这将是一个非常大的打击。可穿戴设备意味着资金交易彻底脱离智能手机，这也就意味支付行为不需要电信运营商这一所谓的智能管道。

当然，运营商已经意识到这个问题了，所以全球运营商一直力推NFC作为硬件进程的选择，并倾尽全力推动NFC产业链发展，这也成为另一个崭新的支付渠道。前面已讲述了在金融服务硬件化的进程中，电信运营商选择了NFC手机作为移动支付和金融业务的切入点，但是智能手机并不是NFC的专利，NFC仅仅是一个模块，腕表、智能眼镜，以及其他可穿戴设备都将嵌入 NFC 功能，作为支付和金融的移动媒介，如图 5-2 所示。

图 5-2　提供不同服务的多媒体菜单

NFC 模块作为一个重要的技术应用方向，主要功能有三个，目前在支付功能上应用的主要是其中的“卡模拟”方式，另外的“读卡器”功能和“点对点”应用功能也将逐步扩大应用空间，因为 NFC 设备之间的数据转换还能够超越传统交易中所必需的金钱元素，同时将其他与消费体验有关的元素也整合进来，例如，忠诚度信息、交易信息。“读卡器”功能是指 NFC 手机终端可以作为读卡器，读取非接触卡或标签中的内容，主要完成读取非接触卡和商务标签等功能，这些功能与现有的支付和金融功能有效地融合之后，将成为移动金融 O2O 服务端的有效支撑，如表 5-1 所示。在具体的应用中，韩国京畿道（Gyeonggi-do）有 22000 家公交车站签约 KT 运营商，可使用智能手机读取智能海报的 NFC 标签获取公交信息，包括到达、出发时间、路线、间隔时间等；韩国 SK 电讯推出一项名为“U-剧院服务”（U-theater service）的项目，人们通过对电影海报进行 RFID 扫描就可以查看电影信息并购买电影票；韩国首尔购物中心 Myoung-dong 有 200 个商家签约 KT 运营商，可使用智能手机读取优惠券，合作商家包括咖啡、便利、化妆品店、剧院、快餐店等；在韩国一些餐厅，可通过带 NFC 功能的手机直接在嵌入 NFC 标签的菜单上点菜并完成支付，免去了排队点菜付款的麻烦。

表 5-1 NFC 读卡器功能

业务类型	应用场景	商务	效益
读非接触卡	NFC 手机作为 POS 机实现刷银行卡业务	为商户提供资金归集渠道，为个人用户提供便捷服务	针对 POS 收费可收取服务费
读标签	商用广告和海报	能为商户提供渠道	可直接收取服务费用，提升收入
	公益性海报	为公益行业提供渠道	可收取少量费用，扩展中国电信品牌
	个人信息，例如，电子病历、交通信息账户	中国政府部门强势，同时涉及隐私	有效获取相关数据，后期利用云、大数据等技术，发展 ICT 应用

“点对点”模式是指两个 NFC 设备近距离互相直接传递数据。包括图片、音乐、铃音、日程表、通信录、游戏等，如表 5-2 所示。应用装载在 NFC 手机客户端上，具体应用在传输文件和金融业务领域：S Beam 结合了 Android Beam 最好的特征和三星自身分享文件的能力，使用时将两个带有 NFC 功能和 Android 4.0 以上操作系统的手机背对背靠近，可以分享联系人、网页、地图、图像、视频、日历以及来自 Google Play Store 的应用链接信息，支持 1GB 以内的文件传输；两个 NFC 手机靠近可以实时转账，用于借钱、还款、付款等金融交易，安全性较高。

表 5-2　点对点模式

业务类型	应用场景（举例）		商务	效益
信息分享	分享联系人、网页、图像等信息		广告及口碑推广	中等，体现在有效增强用户黏性
NFC 转账	实现用户间实时转账等金融交易			
信息交互	商务	交换名片		
	校园	交换电子书签、电子课件		

同时，还有一个更深刻的硬件化改造的过程，这里提及的硬件既包括已经固有存在的硬件，也包括正在待兴的 NFC 手机移动产品，还有未来的体感产品。今天的 NFC 产品就是一个最好的趋势，正如上文中所说的，NFC 产品已经在运营商层面实现了一定的覆盖，未来的发展要更多地依靠硬件厂商的努力。随着 2014 年苹果公司推出带有 NFC 功能的手机，这一趋势越发明显，到目前为止，全球所有的智能终端中，带有 NFC 的智能终端的占比在 10%左右，目前来看，还需要几年的时间进行突破，需要更多硬件厂商的努力。

场景化成为方向，更好地服务产业互联网经济

事实上，金融产品本身就是为实体经济服务的，所以金融产品必然强有力地依托于商业场景：房产抵押产品背后涉及潜在的买家和卖家，以及配套的物业等管理服务，汽车贷款和租赁也涉及对应的保险等服务，旅游产品背后更是涉及交通、酒店预订等配套的服务，这些场景类的金融产品以及背后复杂的产业链和庞大的商业系统，在过去很长一段时间里给商业银行等传统金融机构带来了无限的商机。

相应的互联网公司从事金融服务也是走出一条与实体经济相结合的道路，进而弥补自己纯做线上平台的劣势。第三方支付的发展来源于实体经济，没有 eBay，哪里来的 PayPal，没有淘宝，哪里来的支付宝，等等。航空等专业领域也是这样；在 P2P 领域，Zopa 已经在平台按照细分领域分别提供服务，并且嵌入不同的专业性服务。从目前的发展现状来看，互联网企业已经在某种程度上渗透到了金融服务领域，不过正如在前文中所说，互联网金融服务的崭新产品只是起到“准”渠道的作用，新的参与者也远远没有所谓颠覆的任何可能，导致这一现象有两个因素，一是金融业务的本质，二是目前依托于互联网的金融服务还处在发展的早期，还只是简单地完善和修改传统金融产品的不足。本书一直在强调互联网金融服务完全顺应商业发展的历史脉络，所以经历了过去两年的试水之后，互联网特有的基因已经渗透到金融服务的每一个环节中，并产生了积极的效果，无论企业和个人所享受的崭新的金融服务，还是传统金融机构所面临的重重压

力，都可以清晰地看到。经过一年多的合作与碰撞后，所有的参与者也都清晰地意识到互联网融入金融领域进程中哪些发生了改变，哪些并没有改变，并且永远也不会改变。同时，所有的参与者也都逐渐意识到各自的优势和劣势，这样就会在今后的业务发展进程中做出自己的东西，进一步明确角色。最明显的表征就是金融服务中互联网因子将发挥更大的影响力，并在垂直细分市场上和跨界合作两个领域发挥更大的作用。

首先来看垂直细分市场上的发展前景。从市场份额看，目前各个属性的 TOP 3 也已经基本形成，在第三方支付领域的支付宝、财付通，在 P2P 领域的拍拍贷、人人贷以及在网销理财产品中的余额宝等，都已经在各自的领域上形成了全面统治地位。但是在垂直领域，会有很多专注的中小企业加入到竞争中，为其中的点滴努力着，这样从理论上意味着垂直领域是存在市场竞争空间的，那么在这样的市场空间范围内，走在专业服务前列的公司将充分发挥自身在用户沉淀、资源储备上的优势，比如，一些汽车类网站和旅游类网站可以将 O2O 的一些销售模型和互联网金融甚至互联网保险相结合，因为在现有产品服务体系中，需要为这类消费提供安全、便捷、性价比高的配套金融产品和服务。所以我们说，只要基于对细分行业的理解、行业基础以及数据积累，就可以推出极具竞争力的互联网金融产品，进而搭上互联网金融的顺风车。

同时，位置数据和商业场景结合起来也催生出大量的电子金融应用，从切入点来看，电子金融首先切入的仍然是涉及民生的刚性需求，因为只有涉及黏性高的产业，才能从根本上满足现有用户的刚性需求。当互联网企业已经通过社交通信和小额理财等高黏性的业务抢到用户后，接下来仍然会沿着解决刚需的路上进入，一个最明显的例子就是房地产行业。众所周知，买房对在异地他乡的人来讲是一种刚性需求，首付资金缺口是一个难题，对如今的购房者来说，银行固然可以提供后续的贷款，但对于首付，银行却是不管的。对大部分工薪阶层购房者来说，购房首付就是一个没有被满足的需求。因为很多从二三线城市来到一线城市的人之前本身是有房子的，如果用这些房子作为担保，互联网金融领域最令人头疼的信用审核问题就会迎刃而解。新浪、腾讯等互联网企业就把握住这个刚需，新浪乐居的房地产行业垂直互联网金融产品就是用这些房子做信用担保。这款产品的贷款利率仍然是上浮 20%，约等于二套房的贷款利率，与普通银行提供的贷款相比并没有利率优势，但它有效地解决了首付资金缺口——贷款难的问题，这样购房人不用卖老房子，就可以直接以贷款的方式凑齐首付。

从传统金融机构角度来看，尽管商业银行产品的核心本身也都是高度场景化的，并且也都已形成专业的资产管理链条，比如，住房抵押贷款领域与房地产开发商和中介机构合作；在汽车租赁市场上，与汽车分销商等合作；学生贷款领域，主要的合作方为学校等。但目前也许还只停留在高端理财上，可以说商业银行对高端客户的维系做得已经非常到位了，既然商业银行感受到了前所未有的压力，未来会在场景上进一步下沉，着力通过电子渠道解决刚需群体的种种需求，在其电子网站上融合更多的生活场景，应该说商业银行还是有很多机会的，因为至少在目前看来，商业银行出具的各种证明才被相关机构认可。比如，随着现阶段国人出境旅游和出国留学人数的激增，在申请签证时无疑都需要商业银行出具财产证明和银行流水，商业银行完全可以基于此在电子渠道提供一整套服务。

同时，场景化的下一步也促进了跨界金融服务进一步形成，商业银行和互联网巨头纷纷张开怀抱，充分合作。海尔集团与中信银行签约，搭建线上线下相融合的日日顺供应链网络平台；1 号店与中国邮政储蓄银行共同打造电商供应链金融产品，为供应商、入驻商家及第三方合作伙伴提供低成本、无担保抵押的融资解决方案；京东推出的京宝贝，以动态库存以及在线销售情况作为风控计算的模型参考，推出三分钟就可放贷，可以随借随还，按日计息的服务。天物大宗、易单网、东风棉花交易市场等案例，实现了对商流、资金流、信息流的统一，实现了风险可控的在线供应链金融服务。天物大宗还对整个运转体系中的物权实现了全生产周期的监管，实现了低风险和全国监控；全国棉花交易中心由于对物流的监控措施到位，基本上实现了零风险。上述基于供应链和风险控制的跨界金融服务未来将在更大程度上服务于企业级信息应用和产业互联网应用，尤其是当一些大型软件企业试图将多年信息化数据变现的时候，企业级互联网金融服务打开了新的篇章。一个非常典型的例子就是用友软件，作为国内综合性的软件信息服务商，在数十年的信息化进程中积累大量的数据和产业经验，具备提供金融服务的前提。经过几年的准备，用友软件已经全面开始涉足产业互联网金融服务。

用友软件具有成为 P2P 投融资平台的先天优势：一方面，用友几十年的信息化经营形成了涵盖 160 万个中小企业客户、40 万个大中型企业客户以及企业员工基本信息数据库，可以用较低的成本获取客户资源；另一方面，用友可以以较低的成本获取融资企业的 ERP 及财务数据，这样有助于利用云计算、大数据等技术进行征信评审和综合授信。在此基础上，2014 年 7 月，用友软件与相关方共同发起设立用友力合，旨在创建一个国内领先的安全、便捷、具有公信力的 P2P 投融资平台，为具有良好信用的中小企业与工薪阶层提供融资咨询服务。2014 年 12 月，用友软件募资 18 亿元构建大、中、小微企业全覆盖的云平台，并采取大数据生态架构以支撑互联网金融变现的服务。用友开放化的平台架构完善大数据生态布局，主要包含针对于大中型企业的私有云平台 UAP，针对小微企业的公有云平台 CSP，进而实现平台之间的互联互通。从产品模式上讲，用友互联网公共服务平台主要为广大第三方 SaaS 应用、PaaS 应用提供入口服务，并为目前公司已经具有的公有云、私有云平台提供统一的接口支持，最大化吸引第三方开发者共同完善平台生态，实现包括人力资源、流程管理、企业应用等在内的大数据生态，在提供服务的同时进一步完善数据结构。从商业模式上讲，用友充分发挥大数据生态数据挖掘是互联网金融增信的关键环节这一核心要素，通过自身数据服务平台对大数据生态得到的各类交易、财务、人力等数据进行建模与挖掘，形成对 P2P 网贷、支付、网络银行、互联网理财等互联网金融服务的增信支撑。平台的建设将帮助用友完成整个转型中最重要的数据流增值，打通云与互联网金融的数据通道。用友的例子显而易见地说明了金融信息化服务已经服务于产业互联网经济。

看到互联网企业一步步深入下去，商业银行也在着力改变着自己的点点滴滴，在场景化领域做了很多，未来会做得更多。首先，面对巨大的营业厅资产，商业银行一定会有效地加以优化和利用，因为场景化不仅仅是电子渠道，在实体渠道更有意义，所以就出现了所谓的“商店中的银行”和“银行中的商店”，一方面，商业银行在渠道发展上将门店开到消费需求明确的超市中去，因为谁都知道，当消费者消费之后，就必然会有取款的需求等，基础性的金融服务一定要和用户基本的需求联系在一起，我们可以看到，在英国，汇丰银行与 Morrison 超市合作，开了超过 40 家超市中的银行，荷兰银行在超市中开拓了 500 家网点。同时还包括分支网点的优化，美国国民银行（Citizens Bank）与美国最大的食品零售商和分销商 Giant Eagle 合作，美国银行（U.S Bank）与零售商 Safeway 和 Vons 合作，在零售商店中建立店中店，其中，Giant Eagle 成立于 1931 年，现已发展壮大成为该地区排名首位的超市零售商，拥有 200 多家合资或独资商店，在渠道资源上非常丰富。另一方面，商业银行现有的网店也会开始新的改变，例如，卖奢侈品，在法国巴黎银行的很多分支机构已经在和诸如路易威登这样的品牌店合作，在商业银行的理财中心开设奢侈品专卖柜台，专门为用户提供与之相匹配的服务。

其实，今天商业银行的营业厅已经不仅仅是办理各项金融业务的场所，商业银行分支机构将咖啡店、“放松”空间、KTV 歌房，以及 iPad 和其他创新技术产品（例如互动式布告栏、有娱乐搜索和信息功能的显示器）融为一体，满足客户对银行和生活两方面的一站式需求，从而吸引年轻的消费者。对这种深层次的转型，一方面是商业银行为了有效地挖掘商业银行网点价值，另一方面，一个深层次的原因就是商业银行需要借此改变服务方式，让用户在营业厅形成一个社区，并把这种互助的思想融入到互联网服务平台上。举个简单的例子，当小米手机出现问题后，用户首先选择登录小米社区解决问题，甚至有可能在解决问题后进入小米的社区分享相关信息，但是当我们在商业银行的服务出现一些疑惑时，还是会想首先拨打客服电话，或者直接去营业厅，这对商业银行的成本都是很大的负担。

同时，因为商业银行掌握着核心的资质和信任，所以会拥有很多便利和优势，比如，我们今天买房买车都会有一个不可回避的问题，就是财产证明，在现如今的金融体系下，还是需要商业银行出具相关的证明，所以，商业银行出具的账户流水证明是带有绝对权威的，我们相信传统商业银行会利用好这个机会，在大额购物、出国签证旅行等方面搞好垂直领域的合作，寻找到一个空间。电子金融服务新闯入者的竞争压力、互联网时代用户的需求，都让商业银行意识到服务端的重要性，我们相信商业银行也会逐渐发现机会，利用好自身的资源，实现这样的突破。

野蛮生长，蝴蝶效应

互联网金融将覆盖传统金融未达到的领域，也将承受新的风险。

- 传统金融机构有积累，易应变，不会被颠覆；互联网企业有渠道，机制灵活，可在蓝海野蛮生长。两者融合而非替代。
- 金融业务向农村和草根扩展，采用 O2O 模式，线上线下的联合拓展是互联网企业的长项。

互联网金融进一步促进消费主义，可能放大社会经济的系统性风险。

在互联网金融这场变革中，最主要的参与者是金融机构和互联网公司，这两者的合作和竞争将构成互联网金融的主旋律。那么，未来的趋势，合作与竞争何者会占据主流呢？我们认为，融合而非替代会是发展的主要方向，而在这个过程中，对社会经济来说，正面的效果无论怎么强调都不过分，未来互联网金融还将进一步拓展金融业的覆盖范围，但还有一些风险也值得关注。

第一，互联网企业与传统金融机构，各展所长地开展互联网金融业务，两者融合而非替代。

在中国，从互联网企业和传统金融机构各自的优劣势来看，双方互补性较强。互联网企业的优势在于线上的渠道和平台，劣势在于金融业务的经验和资质。金融机构的优势在于线下的人脉和专业积累，劣势在于对互联网海量的年轻草根用户缺乏有效的渠道。而且这两个阵营基于双方的现实体量、未来潜力和政治经济背景，相当程度上已经是“大而不倒”。在市场经济条件下，各具优势且力量雄厚的双方，谁都不容易吃掉谁。同时，在两个阵营内部，竞争压力持续存在，在不能垄断自有领域的情况下，自然更有动力和压力与外部力量进行合作。

互联网企业从占据了战略制高点并持续巩固主导地位的巨头，到在垂直领域进行深度挖掘的中小企业，其渠道优势都是传统金融企业很难超越的，特别是专注于针对草根和公众的渠道和平台。这是一个成型的现实，也是一种未来的必然。不管未来搜索领域的百度、电商领域的阿里巴巴和社交领域的腾讯还能独领风骚多久，互联网上的巨头也许会江山代有才人出，BAT 也许会被其他互联网后起之秀超越。但是互联网面向大众，基于趣味，绝大部分用户免费的商业模式在迅速获取海量用户上的优势是金融机构不可复制和超越的。

金融只能面向有钱人，如同地产商说过的那句刺耳但真实的话，“开发商只为富人盖房子”，在线下紧缺的经济环境中，同样的成本和精力当然要用在更能产生经济效益的地方。传统金融机构因为政策壁垒，得以独享利润丰厚的业务，比如，商业银行靠存贷款利差即可，而在国内的金融管制政策下，利率非市场化，商业银行盈利能力受政策影响较大，以至于民生银行行长曾感慨：“企业利润那么低，银行利润那么高，所以我们有时候的利润太高了，有时候自己都不好意思公布”。同时，金融机构通过多年的线下积累，对高价值客户早已进行了长期的深耕。客户管理关系足够精细，对富人和实力雄厚的机构的关注和服务已足够多、足够久，在这个领域，互联网企业是很难竞争的，但也正是有了这些富矿，金融机构才不会有动力去服务互联网平台上的草根用户，现有的服务大客户的模式也不适合互联网用户。

如果说传统金融机构发展客户的方式像是勘探和开采富矿，那互联网金融发展客户的模式就像是披沙拣金，聚沙成塔，在海量的贫矿里发现和汇聚目标客户，靠的不是对单个客户的精细化挖掘，而是大数据方式的规模化筛选。

我们说，互联网企业会对已经拥有的用户金融服务需求进行分析和推送，无论是电商企业对中小商户和网购消费者，还是社交和搜索企业对分享和查找信息的用户。不只是 BAT，中小型网站、各类垂直电商、团购网站和类似 58 同城和赶集网这样服务本地商家的分类信息网站，都会利用自身平台向用户推送诸如分期付款、小额信贷、短期理财等相关性更强的金融服务。但是，互联网企业推送的金融服务更多地来源于传统金融机构，或与传统金融机构合作。原因在于：一方面，开展金融业务的资质具有政策门槛；一方面，金融业务在产品设计、风险评估方面有其专业性。

所以，互联网企业想要蚕食或鲸吞传统金融机构的业务版图并非想象中的传檄而定那么轻松，对于传统金融机构所不曾覆盖的客户群和业务版图，也会采用与金融机构合作的方式共同开拓。这一趋势从阿里巴巴的余额宝与天弘基金的合作就可看出。未来，一方面，互联网企业越来越多地成为传统金融产品的销售渠道和平台，可能采用独家代理的方式，可能采用网上金融超市的方式，每个金融机构和金融产品都有天猫旗舰店的时代也许就近在眼前；另一方面，互联网企业也会与金融机构进行深度合作，金融机构针对互联网企业用户的特点，专门定制个性化的金融服务。

第二，金融业务的版图向农村和草根扩展，互联网金融需要采用 O2O 模式。

金融业务是随着贸易和工业的发展而诞生和发展的，传统金融业务长期以来都是服务有钱人的。金融在促进繁荣方面的作用巨大，但是在消除贫困方面的作用就相对薄弱。因此，面向农村、面向穷人的金融服务就显得格外难能可贵。孟加拉国经济学家尤努斯于 1983 年创建了孟加拉乡村银行（又译为格莱珉银行），开创和发展了“小额贷款”的服务，专门提供给因贫穷而无法获得传统银行贷款的底层创业者，并因这一模式的良好社会效果于 2006 年获得诺贝尔和平奖。尤努斯曾表示，“中国是一个有着非常浓厚商业精神的国家，但在中国依然缺乏这种（格莱珉）模式。毫无疑问，中国的金融体系需要改革，能够向底层人民提供他们所需要的贷款上的资金服务。”

从“生活要想好，赶紧上淘宝”、“发家致富靠劳动、勤俭持家靠京东”等淘宝和京东的农村刷墙广告，我们似乎可以看到金融借助互联网向农村拓展的曙光。过去农村常见的一条刷墙标语是“无农不稳，无工不富，无商不活”，但是农村经济的商业化步伐一直落后，正如百度的一条刷墙广告所言“养猪种树铺马路，发财致富靠百度”，这主要是受制于信息和物流成本。互联网的发展使得信息成本不再成为障碍，同时，互联网商务的 O2O 模式也在向农村拓展。2014 年 10 月，阿里巴巴宣布启动千县万村计划，在三至五年内投资 100 亿元，建立 1000

个县级运营中心和10万个村级服务站。这意味着，阿里巴巴要在今后几年将其电子商务的网络覆盖到全国三分之一的县以及六分之一的农村地区。在中国互联网企业的身上，也许不太容易看到孟加拉乡村银行的理想主义和悲悯情怀，但是己欲立而立人，过去传统金融机构所不曾覆盖的农村市场，也许互联网企业很快就会以其野蛮生长的扩张力量强势进入，要“让天下没有难做的生意”，金融自然是不可或缺的。阿里巴巴于2014年10月成立的蚂蚁金融服务集团，旗下的业务包括支付宝、支付宝钱包、余额宝、招财宝、蚂蚁小贷和网商银行（筹）等，就将农村金融作为重要业务方向。

第三，互联网金融进一步促进消费主义，可能放大社会经济的系统风险。

如同房地产业造就了“房奴”这个词，信用卡也造就了“卡奴”这个词，在电子商务大潮下，淘宝造就了“剁手党”这个词，以至于阿里系蚂蚁金融服务集团在描述农村网购发展意图时，自发自觉地用了“农村剁手党”这个词。从“房奴”到“农村剁手党”，成为物质奴隶的门槛已经越来越低。《韩非子》中有这样一段被称为“象箸之忧”的故事，“昔者纣为象箸而箕子怖。以为象箸必不加于土鉶，必将犀玉之杯；象箸玉杯必不羹菽藿，则必旄象豹胎；旄象豹胎必不衣短褐而食于茅屋之下，则锦衣九重，广室高台。吾畏其卒，故怖其始。居五年，纣为肉圃，设炮烙，登糟丘，临酒池，纣遂以亡。故箕子见象箸以知天下之祸。故曰：“见小曰明。”当然不是每一个用象牙筷子的人都一定会像纣王那样走向酒池肉林的亡国之路。但是，互联网金融与互联网商务的深度结合，无疑会让金融风险进一步放大，关于这一点应有清醒的认识。引爆2008年世界金融动荡的美国次贷危机源于美国政府推动的利用金融市场为低收入人群提供购房贷款的手法，使2/3的美国低收入人群拥有自己的住房。但是当经济降温、房价下行时，就会造成意想不到的难以收拾的局面。

互联网金融可以通过更便捷的渠道融通资金，将原来能有渠道和能力进行投资和融资的人们都卷入金融市场。好的方面是降低了融资成本提高了融资规模，促进了消费、增进了大众福利。但是，正如美国的次级贷款虽然促进了房地产市场，满足了低收入人群的购房需求，但是也扩展了美国房地产和全球金融业的风险。中国的互联网业所津津乐道的“得草根者得天下”的理念，在金融业中的应用，也会放大社会经济风险。风起于青萍之末，蝴蝶扇动翅膀可能引起大海上的风暴。房价如果下行，房奴就不再只是一句戏谑。同样，互联网金融会促进消费，拉动内需对中国的经济发展具有正面作用，但如果经济下行，那些互联网金融中缺乏承受风险能力的投资者和缺乏偿付能力的借贷者就可能引爆不小的危机。

新文化运动是近代中国人面对三千年未有之大变局第一次在思想层面大范围的深度思考和探索，从其倡导的“德先生”和“赛先生”可以看出，科技和政治是社会转型的重要组成部分。除了“德先生”和“赛先生”，还有一位很重要的“钱先生”，也就是经济。科技、政治和经济构成了影响人类社会进程的三大要素。科技提高生产力，经济将生产力转化为经济成果并进行利益分配，政治对利益分配进行规范和调整。

互联网金融就是利用互联网在信息产生、传递和处理方面大幅提高效率、降低成本的生产力优势，对金融商业模式的优化，这个优化过程既包括经济效益的提升，也包括利益分配的改变，这一过程既会因为信息技术进步而加速，也会因为政治管制而趋缓。

金融业是配置金钱和时间的艺术。互联网能够汇聚海量信息，使信息的流动性增强、灵活性增大、幅度和范围扩张。因而，互联网金融在未来能够改变的就是，可以在更大的空间范围、更短的时间里融通资金，金融将会更自由。

这种改变不仅让此前不便于得到金融服务的人能够更便利地参与金融，同时也会放大信用风险的范围。

后记

新文化运动是近代中国人面对三千年未有之大变局，第一次在思想层面大范围的深度思考和探索，从其倡导的“德先生”和“赛先生”可以看出，科技和政治是社会转型的重要组成部分。

除了“德先生”和“赛先生”，还有一位很重要的“钱先生”，也就是经济。科技、政治和经济构成了影响人类社会进程的三大要素。科技提高生产力，经济将生产力转化为经济成果并进行利益分配，政治对利益分配进行规范和调整。

互联网的出现迅速席卷社会的各个方面，金融业无疑也面对一个大变局。在金融互联网化的变局中，科技、经济、政治将发生复杂的相互作用。互联网技术在信息产生、传递和处理方面能够大幅提高效率，降低成本的生产力优势。技术能力的提升将伴随金融商业模式的优化，这个优化过程既包括经济效益的提升，也包括利益分配的改变，这一过程既会因为信息技术进步而加速，也会因为政治管制而趋缓。

金融业的实质是根据信息配置金钱和时间。互联网能够汇聚海量信息，使信息的流动性增强、灵活性增大、幅度和范围扩张。因而，互联网金融在未来能够改变的就是，在更大的空间范围内、更短的时间里汇集资金，融通资金，金融将会更自由，信息将会更透明，享受金融服务和提供金融服务的门槛将会更低。然而，金融业牵涉更多的是人与人的关系，而非人与自然的关系，所以科技的作用并不是决定性的。

互联网、移动互联网可以让人随时随地提出投资筹资和资金汇兑等要求，但是政府监管会依然存在，甚至更加严谨，这一点从国家对互联网信息的监控可以看出，而且资金比言论会更敏感。

过去我们不满于金融机构的霸王条款和高收费，原因可能在于金融机构的寡头垄断和政策壁垒，但这些也不是互联网能够消除的，互联网“赢家通吃”的特征甚至可能会使互联网金融行业的垄断更加严重。这一点从淘宝小商家相对阿里的被动地位也可想见。

互联网从技术上可以让信息更容易公开和分享，但是金融信息不同于社交和娱乐信息，“独乐乐与人乐乐，孰乐？”，音乐最好大家一起听，但发财的机会多数人应该会认为独享才更好，所以金融业的信息缺乏分享的利益驱动，不容易从黑箱中完全摊开到阳光下。

至于门槛问题，风险和信用是金融的关键，也许网上银行的建设和运营成本比传统的通都大邑高楼大厦的金融机构要低得多。但是如韩非子所说，后羿射箭，陌生人也会为他拿箭靶，幼儿射箭，则连慈母都要远避。在借钱还钱这件事上，永远是有钱人更受青睐和信任。

因此，互联网一方面让此前不便于得到金融服务的人能够更便利地参与金融（真正的有钱人不依靠互联网也能享受到相当便捷、优质的金融服务），同时也会放大信用风险的范围。互联网金融的广阔天地在于草根用户和农村市场，不过在财富集中度上，二八法则表现得更极端，有报告称中国顶端1%的家庭占有全国三分之一以上的财产，底端25%的家庭拥有的财产总量仅1%左右，所以得全部草根也未必能得金融的半壁江山。而草根的金融风险无疑会比有钱人要更大，承受风险的能力也更差。

传统金融机构包括商业银行、投资银行、证券、保险等有专业经验积累、高端人脉积累、政策保护壁垒和灵活的应变能力，对草根用户和农村市场的蓝海没有深耕，相当程度是因为这些业务成本高、利润低、风险大、吸引力不足，非不能也是不为也。互联网企业有线上渠道优势，有海量草根用户积累，有灵活的机制，可以在传统金融未覆盖的领域野蛮生长，各展所长地开展互联网金融业务，两者融合而非替代。

互联网让金融更美好，更亲民，服务大众，改善民生。互联网金融不会是一场颠覆式的革命，也许更像是一个帕累托改进。